**오늘!**
당신의 임무

기적을 만드는

# 감사
# 메모

완전한 행복으로 가는 **단 하나의 법칙!**

**엄남미** 지음

오늘!
당신의 임무

# 기적을 만드는 감사 메모

완전한 행복으로 가는 **단 하나**의 법칙!

지은이 **엄남미**

K+
MIRACLE
MORNING
KMM PUBLISHER

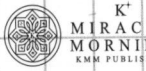

## - 목차 -

들어가며  8

### 1장 감사로 긍정적으로 바뀐 삶

1 감사하는 대로 살게 된다  14
2 감사하기 시작하면 가족이 바뀐다  20
3 감사하면 불평이 현저하게 줄어든다  25
4 감사메모는 좋은 인연을 끌어당긴다  30
5 매일 감사메모로 베푸는 사람이 되었다  37
6 감사는 바라기만 하지 않고, 행동하게 만든다  44
7 어디든지 쓰면 이루어지는 감사메모 일기의 힘  51

## 2장 감사의 과학적 근거

1 삶을 바꾸는 감사 과학　60
2 모든 걸 회복하게 하는 감사 탄력성　66
3 양자물리학의 상보성 원리　72
4 러시아 물리학자의 리얼리티 트렌서핑　77
5 이유 없이 감사하라　82
6 물은 답을 알고 있다　87
7 생로병사의 비밀, 감사 실천　94
8 감사는 행복 에너지, 불평은 마음속 가시　100
9 감사의 씨를 뿌려 행복 열매 맺기　105


## 3장 내가 감사해야만 하는 이유

1 진짜 장애는 불평하는 마음　114
2 감사는 열정적으로 전염된다　121
3 감사는 긍정적인 나를 만든다　129
4 미치도록 감사하고, 느끼고, 감사노트를 쓴다　134
5 미래의 감사일기를 쓰면 꿈이 이루어진다　141
6 감사메모를 함께 쓰자　148
7 이미 지나간 과거도 감사하자　153
8 비타민 3알, 보약 3첩　158
9 감사하고 놓아버릴수록 느는 행복　163

## 4장 감사메모 쓰는 방법

1 감사메모 쓰는 두 가지 방법　170
2 하루 5분, 가슴 두근거리는 감사메모를 써라　176
3 감사로 힐링 에너지를 얻는다　183
4 굿바이, 작심 3일 감사　190
5 감사하는 습관으로 생활을 Detox하라　195
6 감사메모 방정식　201
7 감사편지, 감사카드 쓰기　208
8 나, 작, 지(나부터, 작은 것부터, 지금부터) 감사　214

### 5장 감사습관의 생활화

**1** 작은 감사습관이 큰 성공을 이룬다   220
**2** 주변에 사소한 것부터 감사하기 시작하라   225
**3** 감사하는 습관으로 성격을 긍정적으로 만들자   231
**4** 100감사에 도전하라   236
**5** 행복하기 원한다면 감사습관을 지속하자   241
**6** 감사렌즈로 갈아 끼우자   247
**7** 아침, 저녁으로 감사하는 시간 1분이면 충분하다   253
마치며 감사하는 글   260

### 부록 100감사 노트

## 들어가며

아무리 뭘 해도 삶이 공허한 때가 많았다. 마치 심장에 구멍이 난 것처럼 허허로웠다. 밀란 쿤데라의 '참을 수 없는 존재의 가벼움'이라는 말이 생각난다. 뭘 해도 성취감이 있을 때만 행복할 뿐, 뒤돌아서면 허무감을 느꼈다. '이런 감정이 무엇일까' 의문이 들었다. 어떤 것도 내면의 허함을 없애주지 못한다고 생각했다. 그런데 최근, 그런 감정이 고개를 내밀지 않는다. 매 순간 감사하기로 결심하여 수시로 감사메모를 하기 때문이다.

2009년 1월부터 2010년 1월까지 1년 365일 감사할 점들을 5개씩 1,825개를 적었다. 감사한 일들을 깊이 느끼기보다는 감사일기가 좋다고 하니까 적었다. 감사할 점들을 적으며 어떤 난관도 이겨낼 수 있었다. 감사일기를 1년 동안 꾸준히 쓰니 좋은 일들이 많았다. 그러나 1년만 쓰고 멈췄다. 감사하지 않으니 불평과 불만이 많아졌다.

"감사는 기적을 낳는다. 감사는 파동이고 에너지이니 감사를 실천하라. 감사하는 마음은 감사할 일들을 끌어당긴다. 감사가 많은 사람은 그렇지 않은 사람에 비해 긍정적인 감정을 많이 느끼고, 삶에 대한 만족도와 우울증, 근심, 걱정, 질투, 시기심, 불안, 두려움 같은 부정적인 감정이 될 하나"는 말이 있다.

감사가 좋은 점이 많음에도 불구하고 감사일기를 쓰는 것을 멈춰버리니 마음이 바닥을 치기 시작했다.

뭘 해도 마음에 들지 않았다. 타인의 행동도 못마땅하게 생각했다. '이래서는 안 되는데'라며 삶의 방향을 찾아 헤맸다. 불평을 해결할 수 있는 방법을 찾기 위해서 심리 상담 공부도 했다. 운동도 하고, 책을 읽어도 마음이 크게 달라지지 않았다. 모든 것이 다 갖추어져 있음에도 불구하고 타인과 비교해 가지지 못한 것에 대해서 불만이었다.

감사일기를 1년 동안 쓴 때가 행복했다. 그래서 다시 2016년 1월부터 감사일기 쓰기에 다시 도전했다. 불평하고 싶지 않았다.

매 순간 감사할 점을 떠올리겠다고 결심했다. 감사가 삶에 어떤 영향을 끼치는지 단단히 실험하고 싶었다. 행복한 사람들이 말하는 '감사하기'가 삶을 어떻게 변화시키는지 알아보고 싶었다. 마음먹고 감사하기로 실천하니 불평, 불만이 서서히 사라지고 내가 가진 모든 것들에 대해 감사하는 마음이 생겼다. 마음이 꽉 찬 행복으로 가득하다.

혹시 지금 이 책을 집어든 독자분이 나와 같이 행복하다면 감사일기를 분명 쓰고 있으리라 생각한다. 반면 마음이 부정적인 생각으로 가득한 분들이 있다면 책을 잘 골랐다. 이 책을 읽으면 반드시 감사하게 된다.

내가 지금 실천하고 있는 '매 순간 감사하기'에는 어떤 비밀이 숨어있는지를 과학적으로 증명하고자 한다. 아울러 감사를 마음속으로만 하는 것과 그걸 메모해서 어디에 적어 놓으면 어떤 효과가 있는지도 살펴본다.

감사에 관한 책을 집필하면서 행복감과 행복지수가 높아졌다. 책을 쓰면서 행복지수가 높아진 이유는 행복하지 않은 사람이 행복을 연구하면 행복지수가 높아진다는 마시 시모프의 《이유 없이 행복해라》의 연구결과 때문이다. 감사 연구를 하면서 감사 지수가 책을 쓰기 전보다 더 높아졌다. 감사메모를 매일 쓰기 시작한지 2년째가 되면서 '감사하다'는 말이 폭발적으로 나오게 되었다. 불평할 수 있는 상황인데도 마음이 감사로 자동 전환된다. 감사의 임계점이 터졌다.

신기했다. 행복 감정을 타인과 나누기 위해서 카페를 만들어 공유했다. 내 감사메모 글을 읽고, 함께 감사메모를 하기 시작한 분들이 기하급수적으로 늘었다. 카페 회원들은 감사메모를 공유하며 일상에 감사할 점들을 썼다. 삶이 긍정적으로 바뀌어가고 있다고 말한다. 감사 선순환이 일어났다. 지금 하고 있는 감사메모를 수많은 사람에게 알려, 주변을 좀 더 행복한 곳으로 만들었으면 하는 마음이다.

대한민국은 물질만능주의 때문에 마음이 불안하고 지금에 존재하는 행복감을 못 느끼는 경향이 있다. 이 책을 통해 독자분들이 감사를 실천하여 자신과 가정이 바뀌고, 사회와 나라가 바뀌어 세계가 좀 더 행복한 곳이 되었으면 한다.

1장에서는 감사로 변한 내 삶에 대해서 구체적으로 가족과 주변인, 행동의 변화에 대해 썼다. 2장에서 감사는 어떤 과학적 원리가 숨어 있기에 실천하면 행복해지는지 설명했다. 무엇이든지 쓰기만 하면 이루어지는 감사의 힘에 대해 알아보고자 한다. 3장에서는 불평과 불만으로 가득한 마음을 감사로 바꾸어야 하는 이유에 대해서 썼다. 4장에서는 감사메모를 쓰는 방법에 대해서 기술했다. 5장에서는 감사메모를 그저 읽는 것에만 그치지 않고 실천,

습관화시키는 방법에 대해 적었다.

독자분들이 이 책을 읽고, 당장 노트와 펜을 꺼내서 감사메모를 하기 시작하는 것을 상상하면서 책을 썼다. 불평과 불만이 많고 삶에 대해 회의적이고 부정적이었던 내가 감사메모를 쓰면서 매 순간 행복하게 바뀐 것처럼, 여러분도 이 책을 통해 감사메모로 작은 변화에서 큰 변화를 느낄 것이다. 이미 가지고 있는 행복으로 인해 삶이 더 풍성하고 기쁠 수 있다는 걸 알게 된다. 변화된 여러분의 모습을 보면서 주변 사람들이 묻기 시작할 것이다.

"어떻게 하면 항상 밝고 에너지가 가득하고 행복하게 지낼 수 있을까요?" 라고 물으면 이 책을 권해주거나, 감사메모하는 방법을 알려주면 작가로써 더 이상의 바람은 없다.

아울러 매일 새벽에 집필하느라 잠을 설쳤을 남편에게 감사하다. 언제나 든든한 방패막이 되어주시는 부모님께도 감사드린다. 두 아들도 엄마표 감사메모 실천으로 인해서 얼굴이 밝고 행복하다. 엄마를 보며 웃어주는 두 아들 성민, 재혁에게도 고맙단 말을 전한다. 또한 이 책을 세상에 나올 수 있도록 도와주신 출판에 관계된 모든 분들께도 고개 숙여 깊이 감사드린다. 여러분이 먼저 행복해야 주변 사람들이 행복해진다. 아무쪼록 이 책을 읽고 마음이 동해서 감사메모를 쓰고 있는 독자들의 행복을 응원한다.

# - 1장 -

## 감사로 긍정적으로 바뀐 삶

# 1
# 감사하는 대로 살게 된다

**평생 동안 '감사합니다'라는
오직 한 마디 기도만 하더라도 그것으로 충분하다.
- 마이스타 에크하르트 -**

삶에 존재하는 많은 것들은 마음속 생각과 사진이 끌어당긴다. 어떤 생각을 하느냐에 따라서 그 생각들이 감정이라는 통로로 현실이 되어 나타난다.

예를 들어 우리 둘째와 평소 가는 우창 볼링장으로 향하고 있었다. 이날은 유난히 '조이' 볼링장이 마음속에 떠오른다. 그러면 반드시 강하게 생각한 조이 볼링장에 가게 된다. 우창 볼링장에 도착하니 목요일은 정기전이라서 자리가 없다고 한다. 어쩔 수 없이 조이 볼링장으로 향했다. 이때 원래 가던 곳이 아니라 다른 곳을 가야한다고 불평하면 어떻게 될까? 반면 오랜만에 새로운 볼링장에 가서 감사하면 어떻게 현실이 펼쳐질까? 감사를 선택하고 기분 좋게 조이 볼링장으로 가니, 뜻밖에 직원이 더 친절하게 대해주고 클래식 음악까지 들려 주어 아주 평화로웠다.

우리는 행복한 블링징의 모습이 감사했기 때문이란 설 알시 못한다. 하지만 먼저 생각을 했고, 기분 좋은 감정을 느꼈기에 아이에게도 엄마에게도 평화로운 현실이 나타났다.

생각과 감정이 현실을 만든다는 것을 평소에 이해하지 못했다. 날씨가 흐리거나 태풍 칠 때, 감사하지 않으면 기분이 저조하게 된다. 이 상황에서 에너지를 좋게 바꾸려는 노력을 하지 않으면 하루 종일 기분이 가라앉는다. 감사 실천을 하기로 했지만 날씨에 감정을 맡겨버린 날은 마트에 가면 예전에 감정이 안 좋았던 이웃을 만난다. 그 이웃은 오래 전에 봤음에도 불구하고 인상을 찌푸리고 있다. 생각과 감정이 현실을 만드는 것을 이해하는 순간이었다.
바로 그 이웃에게 감사명상으로 좋은 주파수를 보내자 아무렇지도 않게 그냥 사라졌다.

"당신이 무엇을 원하든 원하는 대로 되고, 하고, 얻을 수 있다."

조 바이텔 박사가 이렇게 말한 데는 이유가 있다. 무엇을 원하든, 즉 우리가 긍정을 원하면 긍정적인 경험을 하게 되고, 부정을 원하면 부정적인 결과를 얻게 된다. 우주의 모든 것들은 자기장이 형성되어 자석처럼 끌려오기 때문이다. ==모든 물체에는 작용과 반작용이 있어서 내가 주는 것은 반드시 부메랑처럼 받게 된다. 감사를 주면 감사를 받고, 불평을 주면 불평을 받는다.==

최성봉의 저서 《무조건 살아, 단 한 번의 인생이니까》를 통해 그가 살아온 삶의 처절함에 숙연해졌다. 최성봉씨는 5살 때 고아원에서 구타가 심해 도망쳤다. 껌팔이로 살다가 나이트클럽에서 조폭들에게 잡혀 죽을 고비를 몇 번이나 넘겼다. 우연히 나이트클럽에서 성악가의 노래를 듣고 꿈을 가지기 시작한다. 세상을 원망하기를 수백 번 했지만, 그에게는 꿈이 있었다. 노래라는 꿈. 성악가가 되기 위한 생각과 감정을 강하게 느끼니 주변에서 도와주는 사람들이 나타났다. 〈코리아 갓 탤런트〉 프로그램에서 준우승을 차지해, 한국의 폴 포츠, 수잔 보일로 세상에 주목을 받았다.

최성봉씨가 만약 자신의 불우한 환경을 탓하고, 희망을 가지지 않고 삶을 포기했더라면 어떻게 되었을까? 조폭들에게 생매장을 당했을 때 어떻게 해서든 살아야겠다는 의지를 내지 않았더라면 지금의 멋진 꿈을 이룬 청년이 되었을까? 삶에 대한 감사와 사랑과 희망의 의지가 있었기에 가능하다고 생각한다. 그는 인터뷰에서 연신 하는 말이, 자신을 도와준 분들에게 '고맙다'였다. "원망, 절망, 비탄이 자신에게 무슨 도움이 되겠습니까."라며 감사하는 삶을 살아야 한다고 했다.

지금 자신의 처지가 괴롭고 힘들더라도 최성봉씨가 겪은 어린 시절의 고통에 비하면 감사할 것이 많다. 암 선고를 받은 시한부 아저씨는 최성봉씨에게 "너도 살아 있는데 나는 신세한탄만 했구나. 이제부터 남은 생을 감사함으로 살겠다."고 말했다.
이렇게 팬들에게 감사함을 받으면, 최성봉씨는 더 열심히 살아가야겠노라고 다짐한다고 한다. 아무리 힘든 일이 있더라도 인생에서 희망과 감사함을 잃지 않으면 반드시 길이 열린다.

장자도 어린 시절 불우한 환경에서 자랐지만, 정신만큼은 자유로웠다.
장자는 "나의 힘과 능력으로 어찌해볼 수 없는 일이라면 담담하게 감사히 운명을 받아들인다. 상황에 저항하지 말고 순응한다. 세상에 변하지 않는 것은 없다. 이 세상 만물, 천지는 때가 이르기 전까지는 존재하지만 때가 이르면 눈 깜짝할 사이에 우리 곁을 떠난다. 그러니 집착할 것이 뭐가 있겠냐."고 말했다.

최성봉씨도 어린 시절 부모의 돌봄이 없이 홀로 고통을 견뎌냈지만, 그 고통이 영원히 지속되지 않을 걸 알았기에 희망을 놓지 않았다.

그는 세상에 감사함을 내보냈다. 원망이 도움이 되지 않는다는 걸 알았다. 감사와 사랑을 세상에 내보내자 많은 사람들에게 사랑받는 팝페라 가수가 되었다. 위대한 사람들은 보통 사람들보다 사랑과 감사의 감정을 훨씬 더 많이 느낀다.

마사 워싱턴은 미국의 초대 대통령 조지 워싱턴의 아내다. 그녀는 이렇게 말한다.

"저는 어떤 상황에 놓인다고 해도 여전히 즐겁고, 감사하며 행복하게 살기로 했습니다. 행복이나 불행은 많은 부분 우리가 처한 상황이 아니라 마음가짐에 달려있습니다."

감사하는 마음을 조금 이용하면 삶이 조금 바뀐다. 하지만 감사실천을 매일, 매 순간 한다면 삶이 상상할 수 없을 정도로 바뀔 것이다. 감사실천으로 내 삶도 행복하게 변했다. 살면서 감사할 수 있는 시간은 단 1초면 된다. 그저 '감사합니다.' 한마디 내뱉는 것만으로도 순간의 에너지를 긍정으로 바꿀 수 있다. 어떤 상황에 놓여도 감사하는 마음만 있으면 세상에 대한 행복한 감정이 나온다. 감사하는 사람들은 선행, 포용, 긍정 감정을 느낀다.

**긍정 심리학의 대가 마틴 셀리그만 박사는 "인간의 긍정적인 특성을 다 살펴본 결과, 감사를 잘 하는 사람들이 웰빙지수가 높다."**고 말했다.

긍정을 하면 긍정을 되돌려 받고, 부정을 주면 부정이 나타난다. 감사하면 감사가 내게 돌아온다. 괜찮은 삶의 정도가 아니라 굉장히 기분이 좋아지는 방법이 감사다. 감사를 하면 기쁘고 신나는 감정은 저절로 따라온다. 아침에 일어나서 살아있다는 것에 대해, 숨을 쉬고, 생각 할 수 있고, 하루를 즐겁게 살 수 있나는 것에 대해 감사하자. 아마 오늘부터 기분이 달라짐을 느낄 것이다. 이 책을 집어든 독자들은 준비가 된 사람들이기 때문에 감사하면 삶이 행복으로 바뀔 것이다.

지금 이 순간 삶에 감사한 3가지를 적어보자.

1 _____해서 감사하다.

2 _____를 알게 되어 감사하다.

3 _____라서 감사하다.

# 2
# 감사하기 시작하면 가족이 바뀐다

**감사하는 마음을 지니면**

**갑자기 세상 사람들이 당신의 친구이자 가족이 된다.**

**- 존 디마티니 -**

예전에 찜질방에 갔다. 소금방에 중년 정도로 보이는 3명의 여자들이 누워 있었다. 그들이 하는 말을 가만히 들었다. 교양 있는 대화가 오고 갔다.

"있잖아. 사람들이 알지 못하도록 하는 덕행이야."

"조이스마이어 있잖니?"

"일본말로 '인도쿠'라고 해."

"찜질을 했더니 땀이 나네. 어서 일어나자."

그러고는 두 명이 자리를 떴다. 궁금해졌다. 대화 전체를 엿듣지 못했다. '인도쿠가 뭐지?' 교양 있는 말투로 차분하게 찜질방에서 대화가 오고 가는 여성들의 정체가 궁금했다. 남아 있는 한분에게 말을 걸었다. 머리에는 하얀 수건을 얹고 조심히 물었다.

"혹시 인도쿠가 뭐에요?"

"네, 인도쿠는 대가를 바라지 않고 하는 선행이에요."

"그럼 기부나 봉사 같은 건가요?"

"누구에게 뭔가를 바라지 않고 해주는 것이죠."

그렇게 짧게 말하고는 나갔다.

누군가에게 대가를 바라지 않고 선행하는 것이 꼭 감사하기와 닮았다. 상대방에게 감사하는 것은 대가 없이 주는 것이다. 물질보다 더 큰 행복을 주기에 감사를 많이 하면 할수록 좋다. 감사하면 화도 누그러뜨려진다. 조이스마이어는 말한다.

"결심하십시오. '나는 화내지 않을 거야'라고."

"더는 그렇게 살지 않을 거야."

'나는 쉽게 화내지 않는다.'

《행운을 부르는 마법의 말의 비밀》을 쓴 이쓰카이치 쓰요시는 이스라엘 여행에서 신기한 경험을 한다. 어떤 할머니를 만난 것을 계기로 인생이 극적으로 바뀐다. 여행에서 잘 곳이 없어 이스라엘 할머니가 재워줬다. 이스라엘 할머니는 삶을 강력하게 바꿔줄 마법의 말을 알려줬다. 행운을 부르는 마법의 말을 실천한 이쓰카이치씨는 삶의 모든 부분을 긍정적으로 바꿨다.

마법의 말이란 '감사합니다, 고맙습니다'였다. 너무 평범한 말이지만 할머니는 그 안에 숨어진 비밀들을 이야기 해준다.
"감사는 타인에게 말하면 그냥 평범한 말이지만, 자신에게 말하면 행운과 행복을 부르는 마법 같은 말이 되는 법이지."

할머니는 좋은 일에는 '감사합니다'라고 말하고, 안 좋은 일에는 '고맙습니다'라고 말하라고 가르쳐 주었다. 어떤 상황에서도 항상 감사하라는 것이 이스라엘 할머니의 교훈이다. 절대로 남의 흉을 봐서는 안 되고, 화를 내면 운이 달아난다고 말했다.

일본어로 '고맙습니다(아리가토 고자이마스)'의 아리가토의 뜻은 '어려움이 있다'는 뜻이다. 어려운 일이 생겨도 감사하라는 뜻으로 어휘를 해석할 수 있다. 즐거운 일이 생기면 감사는 쉽게 나오는데 어려운 일이나 고통 받는 일이 생길 때에는 '고맙습니다'라고 말하는 것이 쉽지 않다. 하지만, 감사의 말을 즉시 내뱉는 순간 고통은 사라진다.

나쁜 일이 생겼을 때 안 좋은 생각을 하면 부정적인 주파수가 계속해서 안 좋은 일을 끌어당긴다. 하지만 그때 '고맙습니다'라고 말하면 불행의 쇠사슬이 끊어진다. 물리학자가 말한 감사 과학에서도 펜듈럼을 끊어버리는 방법이 '긍정'이라고 했다. 전화위복이 되어 행복해지려면 끊임없이 '감사합니다. 고맙습니다'를 자신에게도 말해줘야 한다.

가족들과 지내다보면 화나는 일들이 생긴다. 아이들과 남편에게 정성스럽게 밥을 차려줬는데 반찬이 없다고 투정부리며 밥숟가락 놓고 불평하는 아이를 볼 때 화가 난다. 그 순간 바로 '고맙습니다'라는 행운을 부르는 마법의 말을 한다. 전에는 화가 나면 바로 화나는 말투가 나갔다. 화난 감정으로 가족에게 엄마가 얼마나 노력을 하는지, 밥을 차리는 것이 얼마나 힘든지 알렸을 것이다. 나 자신을 변호하고 보호하기 위해서 화난 감정을 가족들에게 쏟아 상처를 입혔다. 하지만 이젠 다르다. 감사하기로 마음을 먹은 후부터 가족이 평화로워졌다.

화를 내는 것은 내 입에서 불을 쏟아내는 것과 같다. 상대방을 태운다. 화의 한자어는 불 화(火)자다. 화는 모든 걸 태운다. 화는 몹시 '못마땅하거나 언짢아서 내는 성'이다. 화가 우리 몸과 영혼에 들어와 나쁜 영향을 미친다. 화의 의미를 곰곰이 생각해보니,

감사의 말을 더 많이 쏟아내야 한다는 걸 알았다. 앎은 실천과 행동으로 이어져야 진짜 아는 것이다. 감사의 실천이 필요하다. 화는 불이기 때문에 잠시 그 자리를 피해 있다 보면 옮기지 않는다. 화가 사라진다. 하지만 그 자리에서 화를 버럭 내면 더 큰 불길이 활활 타오른다.

말은 행동을 불러일으킨다. 부정적인 말은 파괴하는 행동을 하게 하지만, '고맙습니다. 감사합니다'는 모든 사람들의 마음에 행복이 찾아오게 만든다. **사람들의 마음에는 창문이 있다. 창문을 열게 하려면 마음의 안에서 밖으로 열어야 한다. 마음이 열리게 하는 말이 바로 '감사합니다. 고맙습니다'**이다. 화가 나면 행복이 달아난다. 즉각 화나는 마음에 '고맙습니다'라고 말하자. 그리고 좋은 일이 생기면 '감사합니다'라고 가족에게 적극적으로 표현해보자.

---

**지금 이 순간에 화가 났던 일에 대해 '고맙습니다'라고 써 보자.**

1 _____해서 화가 났지만 그럼에도 불구하고 고맙습니다.

2 _____때문에 화가 났지만 그래도 고맙습니다.

3 앞으로 _____한 상황에서도 '고맙습니다'라고 말해 감사합니다.

# 3
# 감사하면 불평이 현저하게 줄어든다

**행복해지려면 주위에서 일어나는 일에서**

**무엇이든 감사할 것을 찾아라.**

**-론다 번-**

 어느 마을에 가난한 농부가 살았다. 식구도 많고, 처와 관계도 안 좋아 매일 불평하며 살았다. 근처에 지혜로운 랍비가 강연을 했다. 부자가 되는 방법을 알기 위해 랍비에게 물었다.

 "저는 집도 좁고 자식은 많은데 돈이 없습니다. 제 처는 매일 저에 대해 불평만 합니다. 부자가 되고 싶습니다. 어떻게 방법이 없습니까?"

"집에 염소를 기르고 있느냐?"

"네, 염소 한 마리가 있긴 한데 그것으로는 모자랍니다."

"그 염소를 집안에서 키우도록 하여라."

악취에 염소에 악처에 농부는 집안 꼴이 말이 아니라며 불평을 쏟아냈다.

"집에서 염소를 길러 봤는데 상황이 더 나빠졌습니다."

"닭은 몇 마리 키우느냐?"

"10마리 키우고 있사옵니다."

"그럼 그 닭도 집 안에서 염소랑 같이 키우도록 하여라."

워낙 지혜롭다고 소문이 났기에 농부는 거절하지 못하고 불만이 가득 했다.

"악처에 악취에 돼지우리가 따로 없습니다. 더 이상 못 살겠습니다."

"이제 그 염소, 닭을 모두 집 밖으로 내 몰고 다시 찾아 오거라."

며칠 후 농부는 혈색이 좋고 황금을 찾은 것 같은 기분으로, 눈을 반짝거리며 랍비를 찾아왔다.

"염소, 닭이 없는 집안은 궁전입니다. 감사합니다."


《탈무드》에 나오는 이야기다. 농부가 부자가 되지 못한 이유는 가진 것에 대해 불평하고, 지금의 상황에 만족하지 못했기 때문이다. 불평과 불만처럼 부정적인 생각과 감정은 집안에 악취를 풍기는 염소와 닭 같은 존재다. 불평을 없애자 지금 그 자리에서 행복해진 농부처럼, 감사할 점을 찾아내어 당장 감사하겠다고 마음먹으면 황금을 찾을 수 있을 것이다.

어떤 노인이 소년에게 세상에서 가장 큰 선물을 주겠다고 약속했다. 소년은 자라면서 그 선물에 대해서 잊었고, 직장 생활을 하며 불평과 불만이 많아 스트레스를 받았다. 청년은 어린 시절 노인이 말한 선물이 생각나서 노인을 찾아갔다. 노인은 지금이라도 찾아와 감사히디며, 소년에게 선물의 정체를 일러줬다. 그 선물은 지금이란 시간이었다. 현재 이 순간에 감사하고 오늘을 행복하게 살면 모든 것을 얻을 수 있다고 말했다. 영어로 오늘은 'present'다. **지금이 바로 선물이다. 내일이 아니라 지금 이 시간에 감사하고 행복하겠다고 결심하면 바로 행복해진다고 말했다.**

우리는 미래에 뭘 가지면 감사할 것 같다고 생각하며 행복을 미룬다. 하지만 지금 이 순간 감사하지 않으면 미래에도 똑같다. 현재라는 순간이 쌓여서 미래를 만들기 때문이다. 나중에 행복한 것이 아니라 지금 당장 행복하기 위한 실천을 한다. 감사는 그 모든 것을 다 녹게 만든다. 불평도 녹게 만들고, 화도 녹게 만들고, 부정적인 감정도 녹아내리게 한다. 오늘 지금 이 순간 행복해지기 위해 감사하는 연습을 시작하자.

좋은 말과 생각, 행동을 하면 꿈이 이루어진다. 미래의 행복을 위해 현재를 저당 잡힐 것이 아니라 지금 당장 불평을 줄이고 좋은 말과 생각과 행동을 하자. 감사 실천을 하자. 훌륭한 삶의 지름길은 '지금' 기분 좋다고 느끼며 행복해지는 것이다. 지금 원하는 걸 당장 가지고 있지 않더라도 가지기 전에 미리 감사하면 원하는 것이 들어온다. 받기 전에 미리 현재에 미래를 가져오면 머지않아 그것이 물질세계에 실현된다.

오프라 윈프리는 입버릇처럼 자주 '감사합니다'는 말을 하라고 했다. "감사할 일이 주변에는 아주 많다. 그것을 매일 기록해라."고 만나는 사람들에게 말하며, 감사일기의 기적을 전하고 있다.

내가 감사일기를 하루도 빠지지 않고 매일 매 순간 쓴지는 7년이 넘었다. 《이유 없이 행복해라》에서 행복한 사람들은 하나같이 공통점이 매일 감사한 점을 5개씩 쓴다는 걸 읽었다. 실천해보자고 생각하여, 1년 동안 하루도 빠지지 않고 1,825개를 썼다. 신기하게도 나가지 않던 집이 나가서 이사가 순조로웠다. 아이들과 남편이 감사일기를 쓴 일 년 동안 가장 행복했다고 말한다. 감사일기가 행복한 삶을 사는데 효과가 있다는 걸 알 수 있다. 중요한 건 삶에서 불평할 것을 찾으면 한도 끝도 없는데 감사할 것을 적으면 지금 이 순간 행복한 것에 초점을 맞추게 된다. 삶도 긍정적으로 바뀐다.

하지만 감사일기를 쓰다가 안 쓰니 불평이 늘어났다. 삶에 대해 부정하기 시작하니 고통스러웠다. 하루가 무기력하고 우울하고 기분이 가라앉아 뭔가 대책을 세워야했다. 감사를 매 순간 하기로 작정했다. 혼자 쓰는 것보다 함께 쓰는 것이 좋을 듯하여 '한국미라클모닝' 카페에 매일 순간마다 감사할 것이 있으면 실시간으로 메모하고 기록한다. 매 순간 감사한 점을 메모하여 기록한 후에 많은 기적이 일어났다. 주변 환경이 행복하게 바뀌고 마음이 풍족하고 만족할 일들이 많아졌다. 감사일기는 공유하면 할수록 긍정 에너지가 전파된다. 그래서 혼자 쓰는 것보다 같이 쓰는 것이 좋다. 지속하는 데는 여러 사람의 눈이 필요하다. 서로가 격려하며 용기를 북돋아주기 때문이다.

가을철 밤송이의 가시를 제거하면 알밤을 먹을 수 있듯이, 우리 마음속에 불평이라는 가시를 제거하여 감사와 행복이란 삶의 긍정적인 경험을 음미할 필요가 있다. 삶의 매 순간은 감사와 기적으로 가득하다. 지금 현재라는 선물을 누릴 수 있는 사람은 감사하는 사람뿐이란 것을 명심하자.

> 오늘 지금 이 순간 감사한 점을 3가지 써보자.
>
> 1 _____ 해서 감사합니다.
>
> 2 _____ 라서 감사합니다.
>
> 3 _____ 하기 때문에 감사합니다.

# 4
# 감사메모는 좋은 인연을 끌어당긴다

**행복의 90%는 인간관계에 달려있다.**

-키에르케고르-

옷깃만 스쳐도 500겁 인연이라고 한다. '겁'이란 어떤 단위의 시간으로 계산 할 수 없는 무한히 긴 시간을 말한다. 인간은 혼자서 태어날 수 없다. 인연으로 다들 이어져있다. 혼자서는 어엿한 한 인간이 될 수 없다. 누군가의 도움이 있었기에 지금의 우리가 존재한다. 가족 안에서 태어나고 자라 이윽고 한 인간으로 성장한다. 부부도 형제, 자매도 눈에 보이지 않는 하나의 법칙으로 맺어졌다. 소중한 인연들은 다른 누군가의 도움을 받았기에 감사할 점이 많다.

어머니의 목소리와 손이 자식을 성장시킨다. 누구나 어머니의 존재를 경험하기에 따뜻한 인연들을 만나길 바란다. 하지만 살다 보면 좋은 인연만 있는 것이 아니라 때로는 힘든 인간관계를 맺을 때가 많다. 감사한 마음이 부족할 때 좋은 인연이 안 다가온다.

어머님께 사소한 말과 행동으로 감사와 애정을 표현하여 기쁨의 명곡이 되었던 어린 시절의 관계를 회상해 보자.

우리는 어린 시절에 활짝 웃는 얼굴로 '고맙다'는 말을 했다. 그러면 칭찬을 받고, 자신감이 살아나 뭐든지 할 수 있었다. 하지만 커가면서 감사함이 줄어드는 환경의 영향 탓인지, 복잡한 인연들 때문인지 쉽게 불평한다. 현재 인간관계가 잘 안 풀리고 있다면 자신도 모르게 부정성을 더 많이 주고 있을 것이다. 좋은 인간관계는 부정성보다 사랑과 감사를 더 많이 주는 것에서 시작된다.

나는 감사일기, 감사메모를 자주 쓴다. 일기 쓰는데 시간을 낼 수 없는 분들을 위해 감사메모를 고안했다. 감사할 점들이 생각날 때마다 메모하자. 아주 작게 '물 감사, 공기 감사, 옷 감사, 만남 감사, 친구 감사, 부모님 감사, 형제 감사'라고 간단히 적는다.

감사는 어디에든 흔적을 남기는 것이 좋다. 감사의 에너지가 우주로 전송되어 좋은 인연이 다가온다. 혼자 쓰는 것보다 같이 쓰는 것이 좋고, 감사한 내용을 공개하면 감사의 에너지가 증폭된다.

뵐르 C. 넬슨의 《소망을 이루어주는 감사의 힘》에는 이런 말이 나온다.

**"상황이 힘들어지면 어려움이 해결되는 중이라고 생각하라"**
삶에서 어려움은 반드시 있다. 하지만 그 상황에서도 감사할 점들을 짧게나마 써보면, 좋은 인연들이 다가오고 어려운 상황이 호전된다. 주위에서 불평하는 사람들을 보라. 할 수 없다고 무엇이든 불만인 사람의 삶을 들여다 보면 주위에 좋은 인연이 잘 다가오지 않는다.

이럴 땐 '할 수 있다'고 긍정하며 상대방에게 감사하면 용기와 자신감이 생겨 기회가 많이 찾아온다. KBS 〈생로병사〉에 출연한 서병수씨가 좋은 예이다. 회사에서 감사일기를 꼭 쓰라는 경영진의 압박 때문에 어쩔 수 없이 감사일기를 쓴 서병수씨는 원래 불평불만이 많았던 사람이다. 직장에서도 동료들에게 화를 많이 냈다. 가정에서도 아내와 아이들에게 불같이 화를 내던 사람이 감사일기를 쓰면서 삶이 변했다.

매일 감사한 점을 5개씩 일기처럼 써내려가자, 자신이 얼마나 부정적인 사람이었고, 사람들에게 피해를 많이 끼쳤는지 반성하게 되었다. 가족들의 생일에 주인공에게 100가지씩 감사할 점을 적어서 족자로 만들어 선물해 거실에다 걸어 놓았다. 가장의 이러한 변화는 가족의 인연들이 달라지게 만들었다. 아이들은 어둡고 위축되었는데 아빠의 변화로 친구들에게 인기가 많아졌고, 어디에서나 웃고 즐거운 얼굴을 하고 다니게 되었다.

서씨가 아내에게 어떤 정도로 부정적으로 대했냐면, 회식할 때 몇 시에 들어오냐 전화만 해도 집에 들어와 핸드폰을 부셔버릴 정도였다고 한다. 분이 풀리지 않을 때에는 망치로 폴더폰을 부셔 버렸다. 하지만 그는 감사일기로 직장에서는 매일 웃고 성과를 잘 내시 인정받고 있다.

가족이 좋은 인연으로 바뀐 것은 관계 속에서 감사와 사랑을 일기로 쓰고, 표현을 했기 때문이다. 친밀한 관계는 심리적으로 안정감을 준다. 사랑할 때 나오는 호르몬인 페닐에틸아민은 정신건강에 좋다. 다트머스대 경제학자 데이비드 브래치플라워 교수는 35개국 1만 여명을 조사해 서로에게 감사하며 행복하게 결혼생활을 하는 사람들은 연봉 10만 달러(약 1억1200만원) 이상의 가치를 번다고 하였다.

서울성모병원 정신과 채정호 교수는 "결혼한 사람에게 부부관계보다 더 중요한 가치는 없다"며 "사회적으로 성공해 부를 이뤘더라도 부부관계가 나쁘면 행복할 수 없다"고 말했다. 감사와 사

**랑 표현은 웬만한 영양제보다 효과적이다.** 좋은 인연을 끌어당기는 기본 단위가 가정이다. 부모가 먼저 행복해져 자식들을 잘 키우고 싶다면, 서로에게 짧게나마 자주 감사메모를 써서 전달하는 게 좋다. 주변에 보이지 않는 좋은 인연들이 다가올 것이다.

연세대 사회복지학과 김재엽 교수팀은 실험자들에게 7주간 배우자에게 '사랑해·미안해·고마워'라는 표현을 매일 하도록 했다. 그 결과 매일 이 말을 반복한 그룹은 혈액 내 산화성 스트레스지수가 50% 감소하고, 항산화 능력지수는 30% 증가했다. 또 우울증이 개선되고 심장 박동도 안정화됐다. '사랑합니다·감사합니다'는 말을 자주 하는 것만으로도 암·고혈압·당뇨병·파킨슨병 등의 발생 위험이 낮아지고 노화 속도도 늦춰질 수 있다는 것이다.

미국 캘리포니아 주립대, 폴 밀스 교수도 감사하는 마음이 우리 몸에 불러오는 효과에 대해서 연구하고 있다. 그는 TSL(Thanks, Sorry, Love) 가족치료를 통한 부부관계 개선과 산화성 스트레스 감소 효과에 관한 연구를 통해 감사일기가 관계개선에 효과가 있다는 걸 밝혀냈다. 감사는 수면의 질을 높여주고 우울증과 피로감을 감소시켜주며 심장 기능을 유지하기 위한 효율성을 높여준다. 혈액 내 산화성 물질도 감소하게 한다.

좋은 인연을 만나기 위해서는 관계를 잘 맺을 필요가 있다. 수많은 인연을 만나, 근심과 불쾌한 일들을 가슴 속에 담아두는 것은 부패한 음식을 몸에 쌓이게 하는 것과 마찬가지다. 정기적으로 청소해줘야 한다. 좋은 책을 많이 읽고, 좋은 일도 많이 하며, 감사하는 마음을 가지고, 감사할 점들을 짧게나마 메모하듯 적어보면 맑은 샘물이 흘러가듯 마음도 맑아진다.

**복을 기원하면서 마음으로 옳고 그름을 따지지 않고, 원망하는 말을 하지 않으며, 너그럽고 감사하는 마음을 가진 사람에게만 좋은 인연이 다가온다.** 그러나 항상 남을 원망하고, 인색하게 굴며, 다른 사람들을 흉보고 부정적인 생각을 하면 무슨 수를 써서도 복은 오지 않는다.

산 속에 혼자서 산다고 가정해보자. 아무도 오지 않는 외로운 섬에 갇힌 기분은 혼자서 여행을 한번 떠나보면 현재 맺고 있는 인연들이 얼마나 소중한 것인지를 알게 된다. 곁에 있는 사람을 더욱 소중하게 여기고 사랑과 감사를 전해야만 행복을 느낄 수 있다. 아울러 자신이 과분한 사랑을 가족이란 좋은 인연의 관계 속에서 받고 있다는 것만으로도 충분히 감사한 일이라고 생각한다면 주위의 모든 관계가 긍정적으로 변할 것이다. 모든 사회적 관계는 가정에서 출발하기 때문이다. "그대가 옆에 있어서 감사하다"고 주문처럼 말해보자. 옆에 있는 사람들이 우리에게 가장 소중하다.

레이먼드 조가 쓴 《상처받지 않고 행복해지는 관계의 힘》에서 기린들이 말한다.

"자네 등 뒤에는 보이지 않는 끈들이 이어져 있어. 그 끈들을 아름답게 가꾸는 일이 인생의 전부야.. 그게 정말 삶의 전부야."

"무슨 끈이기에 인생의 전부라고 단언하죠?"

**"인간관계는 물처럼 자연스러워야 하는 법이야. 이익을 위해 억지로 맺은 관계는 오래가지 않아."**

물처럼 자연스럽게 인연을 끌어당기기 위해선 지금 옆에 있는 인연에게 감사함을 느껴야 한다. 감사함을 길게 일기로 적을 수도 있고, 짧게 메모하여 상대방에게 보여주면 가장 좋지만, 매일 기록하는 것만으로도 좋은 기운을 내보내서 좋은 인연들을 끌어당긴다. 행복이 그 끈을 타고 오는 것은 자동적이다.

---

살면서 좋은 인연을 만난 데 대해 감사해보자.

1 _____와 같은 좋은 인연을 만나서 감사합니다.
2 _____를 만나서 이렇게 행복해서 감사합니다.
3 _____와 관계를 맺어준 모든 분들께 감사합니다.

# 5
# 매일 감사메모로 베푸는 사람이 되었다

감사하는 마음은 다른 사람을 위해서가 아니라

자신에게 평화를 가져다주는 행위이다.

그것은 벽에다 공을 치는 것처럼 언제나 자신에게 돌아온다.

- 이어령 -

한 남자아이가 가게에서 진통제와 약을 훔쳤다. 주인이 그 아이를 잡아 호되게 혼냈다.

"야 이 도둑놈아, 너 커서 뭐가 되려고 벌써부터 도둑질이야."

그때 스프가게 주인이 나오며, 그만하라며 약 파는 가게 아주머니를 말렸다.

"이 약 얼마요?"

"만원이에요." 화가 난 아주머니는 야채스프 가게 주인이 주는 돈을 받고 들어갔다.

"애야. 약을 누굴 주려고 하니?" 아저씨는 따뜻하게 물었다.

"엄마가 아파요."

"여기 야채스프도 있다. 어서 가서 엄마한테 드리거라."

"네, 감사합니다. 이 은혜 꼭 갚겠습니다."

소년은 엄마에게 약과 따뜻한 스프를 주며 이렇게 생각했다.

'내가 받은 모든 호의에 감사하자. 그리고 세상에 아픈 사람을 위해 꼭 의사가 될 거야.'

소년은 그때부터 자신이 세상에서 받은 감사할 점들을 종이에 하나씩 메모하기 시작했다. 아픈 사람을 살리려는 마음이 강해서, 이를 악 물고 공부만 했다.

30년 후, 야채스프 가게 주인은 여전히 가난한 사람들이 오면 없는 살림에도 스프를 무료로 주는 선행을 하였다. 그러다 과로로 쓰러져 병원에 입원했다. 하지만 딸이 병원비 청구서를 받아보는 순간, 2,700만원이란 청구서에 망연자실했다. 아버지가 혼수상태라서 당장 수술을 해야 하는데 수술비가 없어 하염없이 아버지 앞에서 울기만 했다.

의사에게 물어보니 이 병은 뇌경색이라서 빨리 수술하지 않으면 안 된다고 했다. 다음 날 울다가 지쳐 아버지 침상에서 눈을 떴는데 옆에 병원비 청구서가 있었다. 병원비가 다 지불되었다는 것이다.

"이 병원비가 어떻게 다 지불되었지요?"

딸이 주치의에게 물었다.

"30년 전에 진통제 3통과 야채스프에서 이미 지불되었습니다. 감사합니다."

가난한 소년이 30년 후 의사가 되어, 엄마를 살린 야채스프 가게 아저씨를 살렸다. 자신이 입은 은혜에 감사할 줄 아는 소년이 멋지게 매일 감사한 마음을 잊지 않고 대성했다. 태국의 힌 광고에서 본 것인데, 실화다.

세상에 베푼 것은 반드시 자신에게 돌아오게 되어있다. 그건 자연의 이치다. 감사한 마음을 지니고 있는 가난한 소년이 그 은혜를 잊지 않기 위해서 생명을 살리는 의사가 되었다. 하루라도 빠지지 않고 자신에게 도움을 준 모든 것에 대해 감사한 점들을 종이에 메모했다.

베풀면 행복해진다. 이 세상에서 가장 가치 있는 일이 봉사다. 나만의 행복을 위해서 사는 사람들은 그렇지 않은 사람들보다 행복지수가 낮다. 내가 남을 행복하게 해준 만큼 내 행복이 증가된다. 베푸는 것은 물질 뿐만 아니라, 주변 사람들에게 베푸는 친절한 미소, 인사, 웃음, 따뜻한 손길도 포함된다.

　황창연 신부는 옆 사람에게 따뜻한 말 한마디 건네는 것이 10억을 버는 것과 같다고 말한다. 그 사람이 힘들 때 따뜻하게 안아주며 도움을 주는 것은 100억을 버는 것과 같은 가치가 있다고 한다. 이렇게 베푸는 사람들의 공통점은 감사할 줄 아는 사람들이다. 매일 감사할 점들을 종이에 적는 사람들은 선행을 한다.
　나는 감사할 점들을 매일 기록으로 남기면서 남에게 베푸는 사람이 되었다. '한국 미라클모닝' 카페 회원님들과 모임을 가졌다. 정기적으로 감사일기들을 쓰는 사람들이기에 모이면 에너지가 긍정적이다. 남을 먼저 배려하는 사람들과 함께 여행을 가면 내가 가진 모든 것을 내놓고 싶을 정도로 베풀고 싶다. 한 회원님이 숙소의 직원들에게 친절을 받으며 '감사합니다'는 인사를 머리까지 숙여가며 했다.

　"있잖아요. 작가님. '감사합니다'라고 말을 할 때 '감사'라는 말을 크게 하는 게 좋다고 그래요."
　"아 그래요? 왜죠?"
　"감사란 한자는 느낄 감(感)에 사례할 사(謝), 즉 고마움을 나타내는 인사란 뜻이 담겨있어요. 마음으로 느끼는 것을 온 마음을 다해 고마움을 표현하는 것이죠. 소리를 크게 내면 그 뜻이 더 잘 전달된대요."

"그런 뜻이 있었군요. 그래서 H님은 큰 소리로 감사를 더 강조하시는군요. 인사를 받는 사람들의 표정이 아주 밝고, 행복해보여요. 저도 그 뜻을 알았으니 '감사'를 크게 외쳐야겠네요. 감사합니다."

그 자리에서 바로 카페의 〈감사메모일기〉란에 '감사를 표현할 때 소리에도 집중을 해보자고 마음먹게 한 분께 감사합니다' 이렇게 바로 메모했다. 메모는 잃어버리지 않고 인식하게 해준다. 베푸는 행위는 즐겁다. 돈이 들기니 큰 힘이 들지 않는다. '감사'라는 단어를 말하거나, 글로 써 놓는 행위는 세상에 우리가 받은 은혜를 갚는 것과 마찬가지이다.

《내 인생을 바꾸는 감사일기》를 쓴 이의용 교수님도 20년 동안 대학에서 학생들을 가르치며 감사하기 위해 노력했지만, 메모하지는 않았다. 우연히 오프라 윈프리가 감사일기를 적는다는 걸 알게 되어 대학생들과 같이 감사메모를 공유하고 그들에게도 쓰라고 권유했다. 삶에서 소소한 '감사거리'들을 찾게 되어 일기를 쓴 사람들이 편안해졌다. 감사일기를 쓴 사람들이 그 효과를 보면서 타인에게 쓰기를 권유해 제자들의 삶이 변화되었다.

그들은 하나같이 말한다. 감사일기로 베푸는 사람이 되었다고.

감사를 메모하기 시작하기 전에는 불평과 불만으로 가지지 못한 결핍과 모자람에 초점을 맞추며 살았다고. 감사를 하기 시작하니 행복이 넘치고 이미 가지고 있는 것에 더 만족을 하게 되며 다른 사람들에게도 감사일기 쓰기를 권유하게 된다는 것이다.

마틴 셀리그먼 박사는 '웰빙'이란 말이 피상적인 행복보다 깊이가 있다고 말한다. 우리가 하는 경험, 느끼는 즐거움, 주위 사람들은 우리가 느끼는 사랑에 영향을 받는다. 감사를 더 많이 느낄 때 웰빙지수도 올라간다.

**철학자 에피쿠로스도 자신이 충분히 가지고 있다는 점에 감사하면 기쁨을 느끼지만, 항상 더 많이 원하면 고통만 증가한다고 말했다.** 충분히 가지고 있어서 남들에게 가진 것을 베풀면 저절로 원하는 것이 들어온다. 현재 상황에 만족하고 주변 사람들에게 정신적으로나 물질적으로 베풀 때 월급이 10% 인상되는 것보다 더 행복해질 수 있다.

용인 서울병원 이제남 이사장은 돈을 벌기 위해서는 계속 베풀어야 한다고 말한다. 남에게 베푸는 속에서만 발전이 있다며 돈 많이 벌면, 사회에 환원하는데 그 행위가 몇 갑절이 되어서 자신에게 돌아온다고 말한다. 진정한 감사의 베풂의 가치를 아는 사람이다.

감사일기를 쓰고 베푸는 사람이 되기 위해선 혼자 하는 것보다 공유를 하는 것이 좋다. 요즘은 SNS가 잘 발달되어 구글 킵, 에버노트, 데일리 노트 등 감사를 한 줄, 두 줄 적을 수 있는 앱들이 많이 있다. 게임을 하듯 앱에다 감사한 점들을 매일 한 줄씩이라도 메모를 남기자. 만약 쓰지 않은 날이라면 마음속으로 '감사합니다'고 말하면 된다. 감사할 점들을 적어 놓으면 더 베풀게 된다. 게임을 하듯이 재미있게 감사메모를 해보자.

짧게 감사한 점을 메모해보자.

1 _____ 감사
2 _____ 감사
3 _____ 감사

# 6
# 감사는 바라기만 하지 않고, 행동하게 만든다

**당신이 평생동안 '감사합니다'라는**

**오직 한마디 기도만 하더라도 그것으로 충분하다.**

- 마이스터 에크하르트 -

"사람들이 뭐라는 줄 아니?" (You know what some people say?)

"하루를 마치 인생의 마지막 날인 것처럼 살라는 거야." (They say you should live each day as if it were your last.)

"모레가 인생의 마지막 날인 것처럼 사는 건 어때?" (How about living each day as if the day after tomorrow were the last?)

"넌 참 이상하구나, 스누피" (You are weird, Snoopy!)

'피너츠(Peanuts)'란 제목의 스누피를 신문에서 본 적이 있는가? 찰스 먼로 슐츠가 50년 동안 그린 만화다. 세계에 널리 알려져 있는 스누피는 만화의 제목으로 착각될 만큼 인기를 끌었다. 신문을 볼 때마다 귀여운 강아지, 스누피와 찰리 브라운의 익살스러운 대화에 눈길이 갔다. 대사를 유심히 읽어보니 이 만화는 인문학이었다.

스티브 잡스도 매일 하루를 시작하기 전에 거울을 보며, '오늘이 내 인생의 마지막 날이라도 이 일을 하고 있을까?'라고 질문했다. 우리가 이 세상을 떠나는 날에 할 수 있는 말은 과연 무엇이 있을까? "미안합니다. 감사합니다. 사랑합니다. 고맙습니다. 나를 용서해주세요."다. 실제로 의사들과 임상에 있는 사람들은 죽기 전에 환자들이 '손'이라는 말을 많이 한다고 한다. 손의 의미는 여러 가지로 해석할 수 있는데, '지금까지 나에 곁에 있어줘서 고마워'의 뜻이 가장 많을 것이다. 왜 사람들은 이 말을 평소에 소중한 사람들에게 많이 해주지 못하고, 삶의 마지막 순간에 할까?

많은 사람들이 "행동하는 것이 중요하다"고 말한다. 하지만, 인간은 습관에 지배를 받는지라 쉽게 엉덩이가 떨어지지 않는다. 행동을 하려고 막상 뭔가를 시작해도 작심삼일이다. 왜 이렇게 행동이 잘 안 되는 것일까? 시간이 무한정 주어진 것이라고 생각하기 때문이다. 만약 오늘이 내 마지막 날이라면 삶을 어떻게 살까? 당장 해보지 않은 것들을 하지 않을까? 하지만 그 순간에도 오늘 당장 살아있으니 모레가 인생의 마지막 날일 거라고 스누피처럼 생각하는 사람들이 있을 수 있다.

하지만 시간은 무한정 주어지지 않는다. 모든 사람들은 삶의 마지막 순간들을 맞이하게 되어 있다. 그때 후회하지 않기 위해서는 지금 주어진 상황에 감사하며 할 수 있는 모든 행동을 해보는 것이 좋다. 삶의 마지막 순간에 사람들은 한 일보다 해보지 못한 일들을 후회한다.

나는 항상 오늘이 내 인생의 마지막 날이라고 생각하고, 하루가 주어진데 대해 감사한다. 하지만 사실은 원래부터 이렇게 감사한 삶을 산 것이 아니라, 불평불만 투성이었다. 하루가 또 주어진데 대해 무기력했다. 하지만, 감사메모를 수시로 적고, 걸어 다닐 때마다 '감사'에 집중하고 '매 순간'이란 방을 '감사'로 도배하자고 생각했더니 바라던 일들을 행동으로 적극 실천하게 되었다.

행동은 마음이 긍정적일 때 적극적으로 나온다. 뭔가를 해보자고 하는 생각은 긍정적이다. 반면 불평은 포기하게 만들고 게으르게 만든다. 감사를 자주해서 긍정적인 마음을 가지면 쉽게 바라는 것을 행동으로 옮길 수 있다.

이 세상을 변화시키는 사람들은 마음속 생각을 행동으로 옮긴다. 머릿속에 아이디어가 있어도 행동으로 옮겨 실천하지 않으면 어떤 것도 현실에 나타나지 않는다. 위대한 일을 해내는 사람들은 하나같이 삶에 대해 감사하며 꿈과 명확한 이미지를 상상했고, 그것을 실천했다.

노벨 평화상을 수상하고, 독일 나치의 유대인 대학살에서 살아남은 엘리 위젤은 아우슈비츠 수용소에서 가족을 잃었다. 온갖 모욕과 인간성을 말살 당하는 상황에서도 '감사합니다'라는 말을 잊지 않았다.
"살아 있어 감사합니다. 인간이어서 감사합니다."
그리고 살아 있는 매시간이 은총이라고 생각했다.

엘리 위젤은 "사람이 스스로 마음의 감옥에다 벽을 치고 거기에서 빠져 나오지 못하는 것은 긍정적인 마음이 부족하기 때문이다"라고 말했다. ==자신이 처한 상황에서 "긍정적인 점을 찾는 태도가 어두운 터널을 빠져 나오게 한다"며 감사하는 마음을 강조한다.== 우리가 자유를 누릴 수 있는 이유는 "아주 작은 것에서부터 감사하는 행위에 있다"고 말했다.

우리가 처한 환경은 홀로코스트보다 더 낫지 않은가. 먹을 음식이 있고, 옷이 있고, 걸어 다닐 수 있고, 들을 수 있고, 볼 수만 있다면 그것으로 충분하지 않은가. 이 세상에는 먹지 못하고, 옷도 없고, 걸어 다닐 수도 들을 수도 없는 사람들이 많다. 오늘을 살면서 다른 사람으로부터 받은 친절, 낯선 사람들의 도움, 지금 옆에 있는 사람과 자유롭게 소통하는 그 모든 점들이 감사할 것들이다.

지금 힘들다면 그것도 감사할 점이다. 좋은 시절뿐 아니라 어려운 시절도 지나고 보면 감사로 바뀐다. 누군가에게 받은 것에 긍정의 씨앗으로 감사를 한다면 그것이 반드시 에너지 질량 보존 법칙에 의해 돌아오게 되어 있다. 반면, 남이 잘 되는 걸 질투하거나 남에게 해를 가하거나 남이 잘못되기를 바라는 저주는 반드시 그것에 응당하는 어려움이 생기게 된다.

한 남자가 이혼을 하고 우울한 상태에서 친구를 만나 도움을 구했다. 친구가 충고를 해주었다. 지금 가지고 있는 모든 것에 감사하라고. 그리고 그 남자는 더 이상 잃을 것이 없을 것 같아 감사를 실천해보기로 마음먹었다. 120일 동안 직장에서 싫어하는 사람들에게도 감사를 보내고, 친구, 가족에게도 감사를 했으며, 심지어 수도꼭지에서 물이 나오는 것까지 감사했더니, 원하는 것들이 많이 이루어졌다. 멋진 여성과 결혼을 했고, 직장 동료들과의 관계가 회복되었으며, 할부금도 다 갚았다. 무엇보다 건강이 놀랍게도 좋아졌다. 감사 하나만으로도 자신이 바라는 것이 이루어진 것이다.

나는 원하는 것이 있으면 먼저 이미 그것들을 가졌다고 감사메모를 남긴다. 일기 형식도 좋지만, 짧게 메모할 때가 더 많다. 현대인들은 바쁘다. 일기라고 말하면 거창하게 뭘 써야 할 것 같지만, 감사를 메모한다고 생각하면, 단어 하나에도 크게 감사함이 느껴진다. 남편과 소통이 더 필요할 것 같으면, 감사 메일을 보낸다. 이 메일은 열어 보지 않을 때도 있으니 카톡으로 남편에게 이렇게 보낸다.

> '최근에 당신에게 감사했던 일 한 가지는 _____이야. 고마워. 두 번째로 당신에게 굉장히 좋은 감정을 느꼈던 순간은 _____일 때야. 고마워.'

이렇게 짧게 매일 소중한 사람에게 감사의 마음을 전하는 것은 본인도 즐겁지만 받는 사람은 더 행복하다. 그 행복 바이러스가 보낸 사람에게로 돌아온다. 그래서 그 좋은 감정들이 바라는 것들을 행동으로 옮기게 만든다. 남편에게 좀 더 다정하게 말을 하거나, 칭찬을 한다든지, 밥을 더 정성스럽게 차려준다. 그러면 저녁에 퇴근한 남편이 더 차근차근 말을 해주거나 의자를 고쳐달라고 말을 안 하고 거실에 내 놓기만 해도 고쳐준다. 좋은 에너지가 생긴다.

감사는 바라는 걸 하게 해주는 씨앗이다. 씨앗을 잠재의식에 심어 놓으면 긍정의 열매가 현실 속에 나타날 것이다. 지금 당장 스마트폰을 열어 소중한 사람에게 감사 카톡이나 메일을 보내보는 건 어떨까?

> 소중한 사람에게 감사한 점을 써서 카톡으로 보내보자.
>
> **1** 최근에 네가 생각났어. 너에게 감사한 점 한 가지는
> _____야. 고마워.
>
> **2** 너에게 굉장히 좋은 감정을 느꼈던 순간은
> _____일 때야. 고마워.
>
> **3** _____해줘서 고마워. 사랑해.

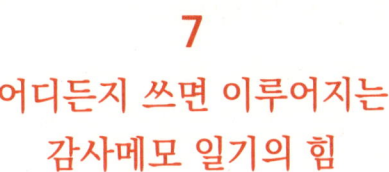

# 7
# 어디든지 쓰면 이루어지는
# 감사메모 일기의 힘

오랫동안 감사하며 고수하기만 하면,

원하는 어떤 것이든 할 수 있다.

- 헬렌 켈러 -

　매일 감사메모 일기를 쓴 분이 현재 운영하는 네이버 카페(한국 미라클모닝)에 이런 글을 남겼다.

　"불평을 중단하고 감사메모 일기를 매일 썼더니 원하는 것이 이렇게 다 이루어져서 감사합니다."라며 2017. 8. 30 자유게시판에 남긴 글이다.

> **제목 : 불평 중단, 감사메모 일기 쓰기 후 나타나기 시작**
>
> 쇼핑중단, 비난 중단, 음주 중단, TV 중단, 커피 중단, 폭식 중단, 야식 중단, 늦잠 중단, 피부 관리 중단, 다이어트 중단, 카톡 중단.
>
> 감사시작, 물먹기 시작, 과일음료 시작, 탄산수 시작, 문화생활 시작, 친구 그리움 시작, 못된 것들 사라짐 시작, 좋은 사람들 등장 시작, 유튜브 시작, 소식 시작, 직장 생활 행복 시작, 날씬함 시작, 돈 절약 시작, 시간 아끼기 시작, 가족 웃음꽃 시작, 내 행복시작.

이런 글을 읽으면 감동받는다. 감사 전·후의 습관 변화가 확연히 다르다. 함께 감사메모 일기를 남기는 사람으로서 배울 점도 많았다. 이렇게까지 자세히 삶의 변화한 모습이 감사하여 어쩔 줄 몰라 하며 좋아하는 모습에서 순진한 아이 같은 마음이 느껴진다. 많은 분들이 새해 소망을 적어도 작심삼일로 끝나는데, 감사메모 일기는 소망을 쉽게 이루어준다.

**영국 속담에 '감사는 과거에 주어지는 덕행이라기보다는 미래를 살찌게 하는 덕행'이란 말이 있다.** 감사하면 과거의 생각에서 벗어나 미래의 꿈을 이루게 해 준다.

감사를 마음속으로 하는 것도 좋지만 그보다 더 강력한 쓰기, 즉 어디든지 적어 놓으면 반드시 이루어진다.

감사메모 일기는 미래를 향한 적극적인 습관 고치기 도구이다. 베풀 수 없는 것은 소유하지 못한다. 이 세상을 떠날 때 가지고 갈 수 있는 것은, 추억과 감사하는 마음밖에 없다.

우리는 계속해서 미래를 향해가며 시간을 사용하고 있다. 꿈을 이루어줄 감사메모의 씨앗을 어디든지 적어, 뿌려 놓기만 하면 이루어진다. 그리고 그 꿈을 정성스럽게 햇빛과 바람과 비가 키우듯 돌봐주면 많은 열매를 맺는다.

미릿속에서 생각힐 때에는 마치 근 거대한 산처럼 보이는 꿈도 한 걸음, 한 발자국씩 떼어 놓으면 산에 오를 수 있는 것처럼, 감사메모 일기도 쓰기만 하면 이미 꿈에 다가가게 된다. 목표를 글로 적고, 이미 이루어졌다고 감사메모 일기에 적으면 그것이 바로 인생지도가 된다.

지도는 방향을 가르쳐 준다. 길을 잃을 염려가 없다. 지도 하나만 있으면 목적지를 찾아간다. 하지만 지도가 없다면 원하는 곳에 도달하지 못할 것이다. 선장이 항해를 할 때 지도가 없다고 생각해 보라.

채근담에 이런 말이 있다.
'시도하고 또 시도하는 자만이 성공을 쟁취하고 그것을 유지한다. 시도해 본다고 잃을 것이 없으며, 성공하면 커다란 수확을 얻는다. 그러니 일단 해보라. 망설이지 말고 지금 당장 해보자. 못 할 것 같은 일도 시작해 놓으면 이루어진다.'

감사도 여기에 해당된다. 감사메모 일기를 적고 매일 그것을 바라보며 어떻게 꿈을 이룰지 생각하며 행동하는 사람만이 행복을 쟁취할 수 있다.

감사메모 일기 쓰기로 감사의 근육을 강화시킬 수 있다. 근육은 하루아침에 만들어지는 것이 아니다. 꾸준히 운동으로 훈련하고 단련해야 근육이 생기는 것처럼 감사의 파동을 일으켜 꿈을 이루기 위해서는 감사메모 일기를 어디든지 쓴다.

감사의 파동을 강렬하게 집중하면, 원하는 일들을 끌어당기는 강력한 힘을 가지게 된다. 근육이 면역력을 좋게 하는 것처럼, 감사메모 일기는 건강뿐만 아니라 삶의 모든 분야에서 행복을 증진시킨다. 의식적으로 감사메모를 적으려고 노력하는 자세가 중요하다. 결과에 따라서만 감사하는 것이 아니라 무조건 감사하는 자세로 바꿀 때 이제까지 경험하지 못한 많은 변화를 체험하게 될 것이다.

28세에 억만장자가 된 테드 레온시스는 출장을 가다가 비행기 엔진 고장으로 죽음의 공포를 느꼈다. 다시 한 번 삶의 기회가 찾아오면 꼭 하고 싶은 일을 비행기 좌석 앞 봉투에다 빠르게 적었다. 거창하게 돈을 더 벌고 싶다가 아니라, 처가식구들 돌보기, 과학, 예술 분야에 공헌한 인물에게 후원하기 등을 빠르게 적었다. 삶에서 감사한 사람들에게 감사를 전하는 일을 하고 싶다고도 적었다. 다행히 비행기가 안전하게 착륙했다.

그의 삶은 이전과 완전히 달라졌다. 테드 레온시스는《행복수업》이란 책에서 가진 것에 대해 감사하고, 감사메모 일기를 매일 쓰라고 권한다.

미국의 유명한 자기계발 깅연자 마시 시모프도 그녀의 책《이유 없이 행복해라》에서 성공한 사람들과 행복한 100인을 인터뷰한 결과가 '감사'란 걸 알아낸다. 행복이 거창한 것이 아니었다.

행복한 100인은 하나같이 매일 감사메모 일기를 5개씩 쓴다. 마시 시모프도 아무리 성공해도 뭔가 허전한 마음을 달랠 길이 없었다. 그래서 행복한 사람들이 매일 감사메모를 5개씩 적는 것처럼 적었다. 감사메모 일기를 매일 365일 동안 쓰고선 그녀의 행복지수도 크게 높아졌다.

많은 사람들이 삶의 마지막 순간이 오면 자신을 되돌아보며 그동안 감사한 일과 하지 못한 일들을 떠올리게 된다. 영화 〈라스트 홀리데이〉에서 퀸 라티파는 건강 검진하고 난 후, 3주밖에 못 산다고 하는 말을 의사로부터 듣게 된다.

그래서 그녀는 지금까지 해보지 못한 짝사랑하는 슌과 결혼하기, 비싼 호텔에서 자보기, 평소 동경하던 디디에 쉐프의 요리를 마음껏 먹어보기 등, 희망노트에다 버킷 리스트를 적고, 돈을 탈탈 털어 하나씩 실행한다. 그 과정에서 이전에 느껴보지 못한 행복감에 큰 웃음을 지었다. 하지만 의사가 오진했다. 다시 생을 얻은 주인공은 삶을 누구보다 더 감사하며 현재에 살게 되었다.

나는 마치 하루가 마지막이고 시작인 것처럼 살아서 꿈을 감사하며 적는다. 드림리스트에 적은 200가지 이상의 꿈 중에 반은 이룬 것 같고, 꿈을 구체적으로 서술한 꿈의 책의 이미지들은 적고, 잡지에서 사진을 붙여 놓자마자 이루어진다. 비전보드, 보물지도 등, 원하는 이미지와 사진들을 모아서 붙여 놓기만 하면 이루어지는데, 이유는 항상 꿈의 목록에다 '이루어져서 감사합니다'라고 적기 때문이다. 계속 사진 속 이미지들이 이루어질 것을 믿고 알기에 한 가지 꿈이 이루어지면 떼어내고 또 다른 이미지를 붙이고 이런 식으로 많은 꿈들을 이뤄나가고 있다.

**'언젠가 좋은 날이 오겠지'라며 마냥 기다리는 것이 아니라 아직 살아있을 때 목표를 이루려고 노력하는 것이 행복이다.** 그 시작이 감사메모 일기다. 마치 내가 원하는 것이 다 이루어진 것처럼 감사하며 꿈의 목록을 적는다.

우리의 소망이 감사의 강력한 에너지로 파동을 일으켜 자신들에게 돌아올 것이다. 이때 가장 중요한 것은 행복하고 기쁜 마음의 상태를 많이 가지려고 노력해야 한다. 그래야 원하는 것들이 더 자주, 빨리 이루어진다.

> 이루어지면 감사할 것같은 꿈을 적어보자.
>
> 1 _____라는 꿈을 이뤄 감사합니다.
> 2 _____해서 감사합니다.
> 3 _____해서 감사합니다.

- 2장 -

# 감사의 과학적 근거

# 1
# 삶을 바꾸는 감사 과학

<br>

**감사하는 마음은
최고의 미덕일 뿐만 아니라 모든 미덕의 어버이이다.**

**- 로마 철학자 -**

20대 때 친구랑 롯데월드에 갔다. 매직 아일랜드로 갔다. 사람들이 높은 곳에 대롱대롱 매달려 있는 놀이 기구를 봤다.

"친구야 저게 뭐지?"

"어, 저거 자이로드롭이야."

"자이로드롭이 뭐야?"

혹시 자이로드롭을 타본 적이 있는가? 드롭타워라고 불리는 기구를 타며 사람들은 소리를 지른다.

'도대체 저렇게 소릴 지를 거면 왜 타는 거지?'

중앙 기둥에 로프로 연결된 기둥을 둘러싼 의자에 앉아 최대 높이 87m에서 수직으로 뚝 떨어지는 자이로드롭은 놀이 공원에서 줄을 오래 설 정도로 인기가 높다.

그런데 그 기구가 일정한 속도로 내려오지 않고 점점 빨라져 등골이 오싹해질 정도다. 왜 그럴까? 가속도 때문이다. 가속도란 시간에 따른 빠르기다. 예를 들어 스케이드를 타고 있을 때 친구가 같은 방향으로 등을 밀어주면 속도가 빨라진다. 하지만 '자이로드롭은 누가 미는 사람이 없는데 어떻게 가속도가 생기지?' 라는 의문이 생겼다.

이유는 중력이다. 보이지 않는 물체를 끌어당기는 힘인 중력은 우리가 생활하는 모든 곳에 적용된다. 뉴턴이 발견한 중력, 만유인력의 법칙, 가속도등에 대해 알아보다 의외의 사실을 발견했다. 과학자들이 감사를 한다는 점이다.

과학자들은 보이지 않는 힘에 대한 위대한 발견을 할 때 항상 감사를 드렸다.

뉴턴이 이런 말을 했다.

"진리는 망망대해와 같다. 나는 고작 바닷가에서 조개를 주어서 감사하고, 기뻐하는 아이일 뿐이다. 진리는 복잡하거나 섞여 있는 것들에서도 단순하다."

진리는 단순하다. '감사' 라는 한 단어로 설명할 수 있다. 보이지 않는 힘이 이 세상을 움직인다. 감사가 바로 이 세상을 움직이는 힘이다. 중력은 보이지 않는 물체를 끌어당기는 힘이다. 보이지는 않지만 감사가 단순한 진리여서 행복을 끌어당긴다. 감사는 생활 곳곳에 모든 사람들을 행동하게 하고, 살게 하는 힘이다.

사람들이 궁극적으로 추구하는 목적이 행복이다. 행복한 조건을 다 가지고도 불행한 사람들도 있다. 행복한 사람들 중에도 감사하는 사람들이 있다. 하지만 행복하다고 다 감사하진 않는다. 반면 감사하는 사람들은 깊은 행복을 느낀다. 우리가 보기에 불행해 보이는 사람들도 깊은 감사를 느낀다.

아인슈타인같이 위대한 과학자도《나는 세상을 어떻게 보는가 The World as I See It》에서, 현재 생존하는 사람뿐만 아니라 과거에 생존했던 수많은 사람들 덕분에 산다고 했다. 자신이 받은 대로 남에게 주어야 한다고 생각하며, 매일 감사한 점을 100개씩 떠올렸다. 한 개도 아니고 백번씩 매일 감사하는 것은 쉽지 않다.

필자도 매일 감사할 점들을 많게는 50개 적게는 30개 이상 적지만, 매일 100개씩 떠올리기는 시간과 에너지가 너무 많이 든다.

전구를 발명한 에디슨의 삶도 살펴보자. 집안이 가난하였기 때문에 12세 때에 기차에서 신문을 팔았다. 시간을 절약하기 위해 화물칸에 실험실을 만들어 실험을 하던 중, 불이 났다. 화가 난 차장에게 얻어맞아 청각을 잃었다. 하지만 에디슨은 이렇게 말했다.
"나는 귀머거리가 된 것을 감사하게 생각합니다. 왜냐하면 귀가 들리지 않았기 때문에 다른 모든 소리를 차단할 수 있었습니다. 그렇게 주의를 연구에만 골두할 수 있게 된 것에 대해 감사합니다."

보통 사람들이라면 잘 들리던 귀로 소리를 인식하지 못하면 불행하다고 불평했을 것이다. 하지만 에디슨은 오히려 그 기회를 전화위복으로 삼아 감사하며, 연구에 더욱 몰입해서 위대한 발명품 1000점 이상을 세상에 내 놓았다. 그 덕분에 우리가 편리하게 지내게 되었다. 보이지 않는 삶을 바꾸는 힘이 에디슨에게도 '감사'였다. 과학자들이 연구한 결과들이 과학적인 것들이지만 과학을 이끌게 한 힘은 바로 '감사'였다.

리처드 파인만이라는 과학자가 있다. 아인슈타인 이후 20세기 최고의 천재 물리학자로 평가되는 미국의 과학자 파인만은 양자전기역학을 완성해 1965년 노벨 물리학상을 받았다. 그는 과학을 하는 과정에서 발견하는 즐거움과 감사함 그 자체를 위해서 과학을 한다고 밝혔다. 《과학이란 무엇인가》에서 과학을 다음과 같이 3가지로 정의했다.

> 1. 무엇을 발견해 내는 특별한 방법
> 2. 그 특별한 방법으로부터 나오는 지식체계
> 3. 지식체계로 만들어 낼 수 있는 새로운 많은 것들

나는 감사를 과학이라 생각하고 다음과 같이 감사를 정의한다. 감사란,

> 1. 행복하기 위한 특별한 방법
> 2. 감사하는 방법으로부터 나온 행복체계
> 3. 행복체계로 만들어내는 더 큰 행복, 행복의 선순환

이 책을 통해 이야기하고 싶다. 감사가 바로 행복하기 위한 비밀이라는 점이다. 감사는 과학자들이 위대한 발명을 하게 한다. 감사가 어떻게 사람들을 행복하게 만드는지 알아 볼 것이다. 감사는 과학자들이 중요하게 여기는 가치로서 행복을 위한 중요한 도구다.

태양으로부터 멀어지려고 하는 지구를 붙잡아두는 힘이 중력

이다. 우리가 이 땅에 발을 딛고 서있을 수 있는 힘도 감사다. 지구를 둥글게 만든 것도 끊임없이 태양으로부터 멀어지려고 시도하는 지구를 옆에서 맴돌게 붙잡고 있는 중력 때문이다.

우리를 행복으로부터 떼어 놓으려는 불평을 보이지 않는 힘, 감사로 붙들어 매 놓으면 삶을 바꿀 수 있다. 행복은 보장된다. 그러니 지금부터 감사하자.

### 지금 이 순간 감사한 점을 3가지 써보기

1 _____해서 감사합니다.

2 _____라서 감사합니다.

3 _____에도 불구하고
_____해서 감사합니다.

# 2
# 모든 걸 회복하게 하는 감사 탄력성

나에게 그것들이 없었다면 나는 얼마나 그것을
갈망했을 것인가를 생각해보고 감사하게 여겨라.
- 마르쿠스 아우렐리우스 -

체육 시간에 뜀틀을 넘어 본 적이 있는가? 도움닫기 한 후 구름판을 밟고 뜀틀을 뛰어 넘는다. 이때 구름판을 힘껏 밟아야 넘을 수 있다. 사회과학자들은 구름판을 '회복 탄력성'이라 말한다. 어떤 역경에도 다시 일어서게 하는 힘이 회복 탄력성이다. 우리 삶에서 회복 탄력성은 무엇이 있을까? 삶에 대한 희망이다. 즉, 긍정성이다. 긍정성 중에서도 강력한 힘은 감사 탄력성이다. 감사 탄력성을 통해 역경을 오히려 발판으로 삼아, 희망으로 뛰어 오른다.

스트레스를 받지 않는 사람은 없다. 역경은 누구에게나 있다. 스트레스와 역경을 그냥 바라만 보고 있을지, 아니면 지금 이 순간에 감사하며 힘차게 구름판 삼아 뛰어 넘을지는 개인의 선택이다.

스트레스 연구의 대가 한스 셀리는 1958년 스트레스 연구로 노벨 의학상을 받았다. 하버드 대학교에서 고별 강연을 했다. 강의가 끝나고 한 학생이 질문했다.

"교수님, 현대인들은 스트레스로 괴로워합니다. 도처에 스트레스 받을 것이 가득합니다. 스트레스를 해소할 수 있는 비결 한 가지를 말씀해 주십시오."

"감사하며 살아라. 'appreciation' - 세상에 존재하는 모든 것들에 대해 감동하고 감사하며 살아야 하느니라."

"네 감사합니다. 교수님, 꼭 명심하겠습니다."

그 학생은 훗날 어떤 역경에도 굴하지 않고 감사를 구름판 삼아 건강한 삶을 살았다. 뇌과학자들은 말한다.

**"감사하면 세로토닌이 온 몸에 쏟아진다. 어떤 어려움이 와도 마음을 평정시키고 행복하게 해준다."**

장수하는 사람들 중에는 감사를 실천하는 사람들이 많다. 의학적으로 감사가 건강에 좋다고 한다. 감사하면 마음속에 미움, 시기, 질투가 사라지고, 심장 박동이 고르고 규칙적으로 뛰어 몸을 건강한 상태로 만든다.

감사 회복 탄력성이란 온갖 역경, 고통, 어려움, 삶의 문제들을 구름판삼아 헤쳐 나가는 힘을 말한다. 세상에는 수많은 불의의 사고를 당한 사람들이 있다. 하지만, 어떤 사람들은 오히려 그 역경을 긍정적으로 뛰어 넘는다. 사고가 나기 전보다 더 행복하게 사는 사람들이 있다. 서울대 이상묵 교수님은 미국에 지질 조사 연구하러 갔다가 차가 전복되는 바람에 입 밖에 못 움직이는 전신마비장애인이 되었다. 하지만 처음부터 사고를 받아들이고 뇌를 쓸 수 있고, 입을 움직일 수 있는 것에 감사하며 서울대에서 강의한다. 마우스를 입김으로 불어 휠체어를 움직인다. 불의의 사고를 감사로 극복했다.

최근 신경심장학에서 뇌를 연구하듯이 심장을 연구했다. 신경과학의 발달로 심장이 뇌처럼 독자적으로 뇌신호를 처리한다. 우리는 모든 행동을 관장하는 것이 뇌라고 생각하는데 사실은 심장이다. 마음이 심장에 있다고 하는 말은 괜히 하는 말이 아니다. 심장에서 살아가는 힘이 나온다. ==최근 10년 동안 사회과학자들은 스트레스를 줄이기 위해 명상을 하고, 휴식을 하거나, 몸을 차분히 가라앉히는 것보다 더 강력한 힐링 방법이 '감사하기'임을 알아냈다.== 심장, 호흡, 혈압의 리듬을 완벽하게 긍정적인 상태로 만들어

주는 연구가 McCraty & Childre (2004) 논문을 통해 밝혀졌다. 좌절을 느끼면 심장 박동이 빨라진다. 감사함을 느끼면 박동이 변화하기는 하나 아름답게 규칙적으로 뛴다.

신기한 경험을 한 적이 있다. 마라톤 10km를 주로 뛰다가 하프(21.075km)에 도전했다. 10km 지점을 지나자 숨이 차서 '감사명상'을 들었다. 신기하게 마음이 안정되었다.

"지금 살아있음에 감사합니다. 오늘 하루도 잘 보낼 수 있음에 감사합니다. 감사합니다. 감사합니다. 감사합니다."

계속해서 2시간 동안 '감사합니다'는 말을 들으니 뛰었더니 몸은 힘들었지만 끝까지 포기하지 않고 완주할 수 있었다. 감사명상이 아니었으면 호흡이 고통스러웠을 것이다.

신경 심장학에서 연구했다. '감사하기'는 호흡도 아름답게 변화시키고 혈압의 리듬도 안정적으로 변화시킨다. 그런 상태를 체험하고 나니, 더 이상 감사하기를 미룰 수 없었다. 생활 속에서 모든 순간에 감사하자 마음먹고 '감사하기' 프로젝트를 실시했다. 감사하면 할수록 삶이 긍정적으로 바뀐다. 생활 환경이 긍정적으로 변하는 걸 보면서 감사에는 어떤 비밀이 숨겨져 있을까 궁금했다. 여러 문헌을 조사한 결과 '감사하기'가 삶을 성공적으로 행복하게 살아가는 비결이란 걸 알았다.

성공적인 삶을 살고 있는 의학박사 이시형은 "감사하는 생활을 잊어서는 안 된다"고 말한다. 홍천에 '힐리언스 선마을'을 지었다. 힐리언스 선마을은 휴식과 명상, 힐링 장소를 제공한다. 문명의 이기를 최소화했다. 자연에서 주는 모든 혜택에 감사하게 만드는 평화로운 곳이다. 기회가 있으면 꼭 한번 방문하길 추천한다. 이시형 박사는 아침에 일찍 일어나 발에게도 감사한다.

"발아, 수고했다. 고맙다. 조심할게. 오늘도 잘 부탁해."

호오 컨설팅에서 감사를 전파하고 있는 영국 스코틀란드 데이비드는 테드 강연에서 이렇게 말했다.

"무언가 소중한 경험이 주어졌을 때 감사한다. 소중한 순간들이 주어질 때마다 감사한다. 그런데 그것들이 공짜로 주어질 때 감사한다"

우리가 공짜로 얻는 것, 바람, 공기, 호흡, 자연 등에 감사한다. 삶에서 그냥 얻을 수 있는 것에 감사하라. 사람들은 무엇을 하든지 행복하길 원한다. 행복하기 위해선 삶에서 그냥 얻어지는 것들에 대해 감사하자. '무료'라고 적힌 글을 읽었다.

따뜻한 햇볕 무료 시원한 바람 무료
아침 일출 무료 저녁 노을 무료

붉은 장미 무료 흰 눈 무료

어머니 사랑 무료 아이들 웃음 무료

무얼 더 바래 욕심 없는 삶 무료

삶에서 어떤 역경도 다 이겨내는 감사 회복 탄력성을 기르기 위해 훈련이 필요하다. 감사하기가 습관이 되려면 최소 3개월을 지속하면 좋다. 잠자리에 들기 전에 오늘 감사한 일, 5가지를 일기장에 적어보거나, 아침에 일어나자마자 오늘 하루를 살면서 무료로 받은 생외 호흡에 대해 감시힌 점들을 깊이 느낀다. 종이 위에 연필로 적으면 감사 회복 탄력성이 더 높아진다. 뇌의 기억의 고착성 때문에 오는 자극이 다르다. 4장에서는 감사하는 방법에 대해서 구체적으로 다룰 것이다.

**지금 이 순간 감사한 점을 떠올려 보자.**

1 _____를 알게 되어 감사합니다.

2 _____가 감사합니다.

3 _____해서 감사합니다.

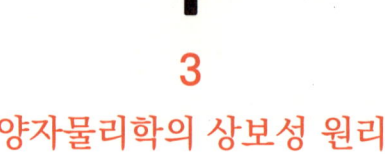

# 3
# 양자물리학의 상보성 원리

**감사 향기는 저절로 퍼져나가**

**주위 사람을 행복으로 물들인다.**

- 데보라 노빌 -

산이 하나 있었다. 산 양쪽에 E씨와 W씨가 살았다. E씨는 산을 동산이라 말했다. W씨는 서산이라 말했다. 둘은 만날 때마다 싸웠다. 어떤 산이 옳은지 동네 사람들에게 판정해달라고 했다. 현명한 이장님이 마을 역사책을 찾아보았다. E동네 100년 기록은 동산이라고 적혀있고, W씨네 기록은 서산이라고 적혀있었다. 판가름이 안 났다. 그래서 이번에는 해 뜨는 방향으로 알아보자 했다. E씨는 동쪽에서 해가 뜨는 걸 봤으니 동산이라 확신했다. W씨는 서쪽으로 해가 지는 것을 보니 서산이라고 우겼다.
어떻게 해야 판가름이 날까?

둘 다 자기 동네에서 나와야 한다. 산을 어디서 바라보느냐에 따라 위치가 달라진다. 만약 산을 우주에서 본다면? 사람들은 자신이 바라보는 그 곳이 정답이라 생각한다. 자신의 생각과 관점이 옳다고 말한다. 하지만 시야가 더 넓은 곳에서 바라보면 사물은 다르게 보인다. 시야가 동네에만 한정되어 있는 사람과 세계를 나녀 본 사람의 시야는 다르다.

아인슈타인은 우리가 시각적 착각 속에 살고 있다고 했다. 몸이 나라고 착각하면 제한적인 생각만 하게 된다. 예를 들어 '내 몸은 뚱뚱해'라고 생각한다고 치자. 그러면 내 몸이란 작은 영역이 나라는 존재의 전부인가? '나'라는 사람은 쪼개고 쪼개면 가장 작은 단위의 원자일 뿐이다. 그 안은 텅 빈 공간이다. 스탠퍼드 대학의 양자 물리학자 틸러 박사는 인간의 "99.9999%는 빈 공간이다"라고 말했다. 양자 물리학자 울프 박사도 "영혼의 0.0001%만 육신 속에 들어 있고, 99.9999%는 육신 밖 우주에 퍼져 있다. 몸은 내가 아니다."라고 주장한다.

영화배우 황신혜씨의 동생 황정언씨는 1993년 5월 교통사고로 전신마비 장애인이 되었다. 미래에 대한 절망으로 고통 받았다. 가족들 몰래 이불을 뒤집어쓰고 울기도 했다. 몸이 나라고 생각했기 때문이다. 그렇게 고통을 받으며 살던 중, 같은 처지의 사람들을 만났다. 박우영이란 분이 몸을 어떻게 움직이는지 전화는 어떻게 받는지, 그림을 어떻게 그릴 수 있는지 가르쳐주며 미술 도구를 주었다. 몸이라는 작은 곳에서 빠져 나오니 감사할 점이 많다며 구족화가가 되었다. 미술을 시작하면서 긍정적으로 바뀌고 감사하며 사는 사람으로 변했다.

양자물리학에 '상보성원리'라는 것이 있다. 전체를 이루는 두 쪽이 서로 보완 관계에 있다는 뜻이다. 즉, 사물을 긍정적으로 바라보면 부정적이 될 수 없고, 부정적으로 바라보면 긍정이 나올 수 없다는 원리다. 라디오에서 93.1MHz을 틀면 107.7MHz가 나올 수 없다. 한 곳을 바라보면 다른 한 쪽이 안 보인다는 뜻이다. 우리가 어디를 바라보느냐에 따라 사물이 달리 보인다.

양자역학에서는 물질이란 본래 진동이고, 물질을 잘게 나누면 모든 것이 입자이면서 파동으로 변하는 빛의 세계로 본다. 우주는 나의 모든 생각과 행동을 기록한다. 작은 선행도 기억하고 있다가 몇 곱절이나 돌려준다. 정보를 담을 수 있는 공간이 어마어마하기 때문이다. 우리가 바라보는 시각 자체로 만물이 변할 수 있다. 어두운 눈길의 진동을 보내면 주변이 어둡게 변하고, 밝은 눈길로 파동을 보내면 밝은 물질이 생성되어 좋은 파장으로 다가온다.

모든 물질은 에너지이고 파장이어서, 어떻게 보느냐에 따라서 파동이 달라진다. 감사로 보면 감사의 파장이 나와 공간을 채울 것이고, 불평과 불만으로 가득 찬 마음으로 보면 주변의 에너지장이 부정적으로 변한다. ==송전탑에서 전기가 공급되는 것처럼, 우리 몸에도 전기가 흐르고 있다. 감사의 전기를 몸에서 흐르게 하면 내 주변이 전부 송전탑으로 통신이 되어 감사할 일들이 많아진다.==

양자역학에서 두려움을 눈으로 보고 싶으면, '두려움'이란 말만 하면 된다고 한다. 원자는 특정한 곳에서만 나타난다. 측정하는 공간에만 나타난다. 원자는 모든 곳에 퍼져 있다가 의식적으로 관찰자가 그것을 보기로 결심하면 나타난다. 뉴턴의 중력처럼 끌어당긴다. 어떤 입자를 특정한 시점에서 여러 번 시도를 해도 관찰자가 눈으로 관찰을 한 후에는 모양이 바뀐다. 관찰자의 마음에서 어떤 진동을 보내느냐에 따라 모양이 달라진다. 전자나 입자는 오직 서로의 관계 속에서 상보성의 원리대로 움직인다.

그래서 예로부터 어른들은 근주자적근묵자흑이라고 했다. 붉은 색을 가까이 하는 사람은 붉게 물들고, 먹을 가까이 하는 사람은 검게 물든다. 착하고 남을 잘 도와주는 사람을 사귀면 본인도 그런 사람이 되지만, 나쁜 생각을 하고 나쁜 일을 하는 사람과 사귀면 나쁘게 물든다는 뜻이다. 감사하면 감사한 사람들이 주변에 생긴다. 일체유심조라고 했다. 모든 것은 마음에서 나온다. 감사의 눈으로 사물들을 바라보고 관찰하면 세상에는 행복하고 기쁜 것이 많이 보인다. 그리고 좋은 것들이 중력처럼 끌어 당겨온다. 감사처럼 좋은 주파수를 방사할 때 오는 파동은 긍정의 에너지다.

아인슈타인은 우리 모두가 생각의 감옥에 갇혀 있다고 말했다. 생각의 감옥은 생각에서 빠져나와 나 자신을 객관적으로 바라볼 때 사라진다. 우리 몸을 원자로 쪼개고 쪼개면 빛이란 존재다. 육신으로만 된 존재가 아니다. 자신의 몸이 전부라고 믿지 않고 시야를 더 넓은 우주로 확장해 감사의 눈으로 모든 사물을 바라볼 때 행복해진다.

> 지금 이 순간 글을 읽으며 감사한 점을 써보자.
>
> 1 _____를 알게 되어 감사합니다.
>
> 2 _____를 실천할 것임에 감사합니다.
>
> 3 _____해서 감사합니다.

# 4
# 러시아 물리학자의 리얼리티 트렌서핑

### 감사에 대한 집중력을 매일 살아 움직이게 하라
- 넬슨 만델라 -

《시크릿》 열풍이 분 적이 있다. 우리나라 100만 독자가 읽었다. 하지만 아무리 시크릿을 해도 꿈이 이루어지지 않는다는 사람들이 있다. 그런 사람들을 위한 책이 있다. 러시아 물리학자 바딤 젤란드가 쓴 《리얼리티 트렌서핑》이다. 러시아에서만 170만 명이 읽었다. 그는 시크릿이 이루어지지 않는 이유를 펜듈럼이란 에너지 때문이라고 말한다.

펜듈럼은 시계 따위의 진자나 흔들리는 추를 말한다. 펜듈럼은 주파수와 파동이다. 생각이나 감정이 모이면 사념 에너지가 형성된다. 사념 때문에 움직이는 추에 거대한 펜듈럼이 형성된다. 펜듈럼은 좋고 나쁨이 없다. 단지 에너지체로만 존재한다. 자신을 지지하거나 반대하는 세력들의 에너지를 끊임없이 빨아들인다. 우리 마음에 떠돌아다니는 수많은 생각을 한번 들여다보자. 얼마나 자주 부정적인 생각들을 없애고 싶은데 잘 안되었는가. 펜듈럼 때문이다.

사념 에너지가 공중에 떠다니다가 어떤 것과 원인이 맞으면 현실이 되게 한다. 운명까지도 주무를 수 있다. 생각을 현실화시킨다. 사념에게 먹이를 주면 현실로 나타난다. 미국에서 9·11테러가 났을 때에도 재난을 알리는 주파수의 진동진자가 굉장히 불안하게 흔들렸다. 펜듈럼이 활동하고 있다는 것을 진동으로, 주파수로 알려줬다. 예민한 사람은 비행기 표를 취소했다. 실제로 테러 당일 아침 유나이티드 항공사의 티켓 취소율이 80%나 달했다. 그날 항공기를 타고 뉴욕으로 간 승객이 평소보다 굉장히 적은 20%밖에 안 되었다. 사람들이 펜듈럼을 느낄 수 있었다. 펜듈럼에 동조하지 않으면 그 에너지에서 벗어날 수 있다.

펜듈럼은 사람들이 두려운지 불안한지 에너지로 아주 잘 알아챈다. 어떤 생각에 먹이를 주느냐에 따라서 주변의 모든 에너지를 동원해서 실현시킨다. 그렇기에 우리는 이 펜듈럼과 싸우면 안 된다. 싸우면 싸울수록 강력하게 더 달라붙는다. 부정적인 생각을 많이 하면 할수록 주변이 어둡게 보인다. 펜듈럼은 긍정의 장밋빛 안경을 쓴 사람들에게는 다가가지 못한다. 사람들이 기쁠 때에는 앞서 말한 상보성의 원리처럼, 절대 그 순간에는 어두운 것이 안 보인다. 하지만 잠깐 기쁘다가 이내 이 행복이 오래 지속되지 않을 것 같단 생각을 하는 순간, 잠깐 있었던 행복은 사라지고 걱정이 들어온다. 전부 펜듈럼이 하는 짓이다. 펜듈럼에게 먹이를 주지 않기 위해서 감사해버리면 펜듈럼이 내 주변에 오지 못한다. 펜듈럼은 에너지 세력이어서 인격을 가지지 못한다. 옳은 것과 그른 것의 의도를 가지지 못한다. 오직 에너지만을 먹고 산다.

펜듈럼은 긍정과 감사를 하면 사라진다. 여기에 상상은 하지만 자신이 바라는 꿈이 이루어지지 않는 원리가 숨어 있다. 평상시에 생활을 하면서 부정적인 감정을 얼마나 많이 느끼는가? 자신의 생각은 항상 어디로 향하고 있으며, 아침에 일어날 때 하루를 기대하고 설레며 상쾌하게 일어났는가? 아니면 또 하루가 시작되었다고 불평하면서 일어나기 싫어서 억지로 일어나는가? 이때부터 펜듈럼은 활동을 하기 시작한다. 그러니 어떤 식으로든 감정을 털어 놓을 방법을 찾아내서 원하는 것에 집중하기 위한 긍정과 감사에 초점을 맞추자. 명상, 감사일기와 운동 같은 긍정 에너지를 얻는 활동이 좋다.

**무슨 일이 일어나든 '점점 더 삶이 좋아질 것이다'라고 긍정적으로 생각하자.** 안 좋은 일이 일어날 때마다 그것은 우리를 옭아매는 펜듈럼이라는 것을 기억하자. 의식적으로 불평을 해서 부정적인 감정을 퍼부어 펜듈럼에게 에너지를 줄 것인지 아니면 펜듈럼이 빈손으로 돌아가게끔 감사하고 긍정할 것인지는 여러분의 선택이다. 하지만 시크릿을 이루게 하는 힘은 바로 이 펜듈럼을 제거하는 데 있다. 긍정하고 감사하는 편이 꿈을 더 빨리 이루게 한다.

펜듈럼은 우리를 죽을 때까지 따라다니며 에너지장을 형성해 주파수와 파동을 방사한다. 보이지 않는 가능태 공간에서 현실이 이루어지고 있다. 보이지 않는 내면에서 수많은 생각이 일어나는 이유는 펜듈럼에게 계속 먹이를 주고 있기 때문이다. **펜듈럼을 끄려면 사념 에너지를 되도록 긍정에 맞추고 상황을 있는 그대로 받아들여 감사해야 한다. 그러면 펜듈럼은 사라진다.**

운전을 할 때 방향을 어디에 두느냐에 따라 목적지가 달라진다. 평범하게 흘러가는 트랙을 바꾸어 마치 파도를 타듯이 다른 곳으로 갈아타면 운명을 바꿀 수 있다. 리얼리티 트랜서핑 원리를 적용하여 부정을 긍정으로, 불평을 감사로 바꾸자. 시크릿은 막연히 앞으로 되고 싶은 것을 상상만 하라고 한다. 하지만 리얼리티 트랜서핑에서는 보이지 않는 사념 에너지를 없애는 방법으로 긍정과 감사를 적극적으로 실천해야 꿈이 이루어진다고 말한다.

또 하나의 펜듈럼을 제거하는 방법은 마음을 비우고 어떤 것에도 집착하지 않고 원하는 것에 집중하는 것이다. 세상은 힘들고 어렵다고 생각하면 펜듈럼이 그런 에너지를 보내서 어렵고 힘든 삶으로 가능태 공간을 이동시킨다. 하지만 쉽다며 가볍게 생각하면 중요성이 낮아져서 다른 파도로 옮겨가, 원하는 상황을 쉽게 끌어당긴다. 집착하지 말고 모든 일에 중요성을 낮추는 것도 한 방법이다. 감사하면 집착과 중요성은 사라진다.

붓다는 '현재 나는 내 생각의 소산이다'라고 말했다. 감사하는 감정은 언제나 좋은 것을 끌어당긴다. 상대방의 작은 행동이나 세상의 좋은 모습에 감사하면 더 좋은 것들을 끌어당기게 될 것이다. 왜냐하면 그때만이 펜듈럼이 사라지기 때문이다.

이 글을 읽으면서 새롭게 안 사실에 대해서 감사한 점을 써보자.

1 _____를 몰랐는데 알게 되어 감사합니다.

2 _____
앞으로 이렇게 살아갈 것을 다짐해 감사합니다.

3 _____에 대해 감사합니다.

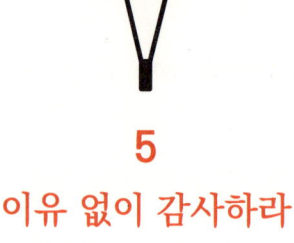

# 5
# 이유 없이 감사하라

**감사할만한 것을 도저히 떠올릴 수 없을 때에는
지금 숨 쉬고 있다는 것에 감사하면 된다.**
- 오프라 윈프리-

길을 가다가 혹은 가만히 있는데 어느 순간 이유 없이 감사한 마음이 든 적이 있는가? 어떤 조건 때문이 아니라 있는 그대로 존재하는 것만으로도 깊은 행복과 평온함을 느낀 적 말이다.

많은 사람들이 행복에 조건을 달면서 좀 더 돈을 많이 벌어야, 지금보다 더 나은 집에 살아야, 좀 더 나은 직장에 다녀야, 자녀들이 더 공부를 잘해야 감사하고 행복할 수 있을 거라 생각한다.

지금보다 더 좋은 집에 이사를 가더라도 잠시 행복할 뿐, 시간이 지나면 불만이 생긴다. 남보다 더 넓은 집을 가지지 못해 불평한다. 직장에서 높은 지위로 승진해도 또 다른 고민이 생긴다. 지금 이 순간에 만족하고 감사하며 행복해하지 않으면 어떤 상황에서도 행복은 찾기 어렵다.

맛있는 음식을 잠시 먹을 때에는 배부르고 행복하지만, 시간이 지나면 잠깐의 행복은 사라진다.


얼마 전 새벽 산행을 마치고 시골 마을로 내려왔다. 자연에서 많은 것을 소유하지 않은 분의 가게에 들어갔다.

산행 후 출출하여 그분이 먹고 있는 라면을 바라보았다. 라면을 파냐고 물었더니 라면을 공짜로 끓여주었다.

외딴 곳에 사는 분이 클래식을 크게 틀어놓고 감상하는 것에 이끌려 대화를 했다. 이유 없는 감사함과 행복함이 흘러나오는 사람인 듯 했다. 어떤 이야기가 있을 것 같았다.


"사장님, 클래식을 좋아 하시나봅니다."

"네, 산 속에서 클래식을 틀어 놓고 있으면 세상만사 걱정할 것이 하나도 없어요. 그저 감사합니다."

"도시처럼 즐길 거리가 없고, 클래식 음악하고 이렇게 자연만 있는데 행복하시다니요"

"그것 말고 뭐가 더 필요하겠습니까?"

"사장님의 철학이 듣고 싶습니다. 혹시 살아오시면서 즐거운 경험을 많이 하셨나요?"

"그럼요. 저는 돈을 모으면 무조건 여행을 갑니다. 히말라야도 2년 전에 다녀왔어요."

"히말라야는 제가 언젠가 꼭 가고 싶은 곳이기도 한데요."

"히말라야는 꼭 가 봐요. 거긴 모든 아이들의 눈에 별이 들어 있어요."

히말라야에 다녀와서일까 아니면 원래 아저씨가 평온해서일까. 나는 시골 아저씨의 이유 없이 행복한 상태를 알아봤다.

히말라야 아이들의 눈에 별이 들어 있는 행복한 상태를 이유 없는 행복이라 말하고 싶다. 가난하고 가진 게 많지 않지만 행복한 아이들의 별은 어떻게 생겼을까. 세계에서 가장 행복한 사람, 마티유 리카르는 보통 사람들의 행복을 초월할 정도로 마음이 평화롭다.

과학자들은 신경과학 사상 보고된 적이 없는 수치의 감마파가 기록된 것을 마티유 리카르 뇌파 측정에서 발견했다. 감마파는 대개 15년에서 40년 참선 경력을 가진 고승들에게서 많이 나타난다.

**마티유 리카르는 "행복을 얻으려면 다른 어떤 진지한 목표를 이룰 때와 마찬가지로 정진과 마음 수행을 해야 한다"고 말했다.** 이는 지식탐구로 해결되지 않는다. 인간 존재 차원에서 추구해야 할 일"이라고 강조했다. 마티유 리카르는 40년 동안 4만 시간 가까이 히말라야에서 명상 수행을 하면서 이유 없는 행복을 느끼고 있다. 마티유 리카르는 사람들이 이유 없이 감사하며 마음을 차분히 하고, 하루 20분 명상하면 모두 다 행복해질 수 있다고 말한다. 이유 없이 행복하기 위해선 마음을 잘 단련할 필요가 있다. 조용히 명상을 하거나 삶에서 감사한 순간들을 떠올리는 것만으로도 이유 없이 행복할 수 있다.

대학에서 강의를 하던 아인슈타인은 한 학생에게 질문을 받았다.

"교수님은 세계 어느 나라 사람들이 봐도 성공하신 분이 맞습니다. 성공 공식이 있습니까?"

"있다. 성공의 공식은 바로, S=X+Y+Z다 여기서 S란 성공을 뜻한다. 성공을 위해서 가장 먼저 도출되어야 하는 것은 X, 즉 말을 많이 하지 않는 것이다. Y, 무슨 일이든 행복하고 감사하며 즐겁게 하는 것이다. Z, 혼자만의 고요한 시간을 의식적으로 가져라. 이렇게 하면 누구나 다 성공하고 행복해질 수 있다."

> S = X + Y + Z
> **성공** = 말을 많이 하지 않는 것 + 감사하며 일하는 것 + 고요히 성찰하는 것

아인슈타인도 고요하게 감사하며 명상시간을 가졌다. 즉, 매사에 이유 없이 행복하기 위한 연습을 했다. 아침이나 저녁에 모두 다 잠든 시간 10분을 내어 이유 없이 행복한 순간을 마음 속 깊이 느껴보도록 하자. 하루만 해서는 깊은 감사함의 강도가 낮으니 매일 이유 없는 감사 연습을 하는 것이 좋다. 존재의 근원을 만나 깊은 평화를 누리기 위해서는 이유 없는 감사 실천을 하면 좋다. 건강과 행복이 언제나 독자들의 마음속에 가득할 것이다.

> 지금 이 순간 이유 없이 감사한 점을 3가지 적어보자.
>
> 1 _____하니 이유 없이 감사합니다.
>
> 2 _____하니 이유 없이 행복합니다.
>
> 3 _____라서 이유 없이 기쁩니다.

# 6
# 물은 답을 알고 있다

'감사합니다. 사랑합니다. 이해합니다. 행복합니다'
날마다 '감·사·이·행'을 상기하고 반복하면서 깊이 새겨 실천하자.
'감사이행'은 행복의 주인이다
- 엄남미 -

세상 만물은 무엇으로 만들어져 있을까. 지·수·화·풍이다.

세상 모든 것은 땅과 물과 불과 바람에서 나왔다. 사람도 지·수·화·풍으로 구성되어 있다. 몸의 모든 기관들이 땅에 붙어 있고, 불에서 얻은 것들을 먹는다. 공기가 없는 바다 깊은 곳에서는 숨을 못

쉰다. 신체 60~70퍼센트가 물이다. 호흡을 하며 공기를 마신다.

지수화풍 중 물은 $H_2O$, 수소2개, 산소 1개로 만들어졌다. 물에 사랑과 감사를 보내면 모든 결정이 아름답게 변한다는 실험이 있다. 수소는 모든 물질 가운데 가장 가벼운 기체 원소다. 빛깔과 냄새와 맛이 없고 불에 타기 쉽다. 수소도 불에 영향을 받는다.

우리가 생활하면서 불에 요리를 하고 물을 사용하듯, 사랑과 감사도 어떨 때는 2대 1의 비율로 필요하다. 1대 2의 비율로 필요할 때도 있는 것처럼 보이지만 사랑도 감사함이 몸에서 물처럼 흘러 나와야 그 감정이 느껴진다. 물이 가진 순수 화학적 특성인 다양한 물질을 용해하는 사랑은 감사에서 나온다. 감사가 더 중요하단 말을 하고 싶다.

땅 위의 모든 물이 흘러서 바다로 가듯 사람들이 공통적으로 흘러서 가고 싶은 곳은 행복이란 바다다. 행복하기 위해선 무엇이 필요할까. 가진 것에 감사하고 살아있어 숨을 쉬는 것만으로도 감사하면 된다. 행복해서 감사한 것이 아니라 감사하기 때문에 행복하다고.

우리 몸은 대부분 물로 구성되어 있기 때문에 물에게 '감사'의 말을 들려주고, 종이에 적어서 보여주면 어떤 변화가 있을지 실험해보았다. 우리 아이들이 어렸을 때 양평의 전원주택에서 살았는데, 그 때 파란색 바다를 상징하는 유리병에다 '감사합니다. 사랑합니다. 미안합니다'라는 말을 들려주고, 그 병을 전원 테이블의 태양 밑에다 놓았다. 종이에 써서 붙여 실험을 해 보았다. 정화된 물을 매일 정화해서 마시니 가족 모두가 건강했다. 그 물을 먹는 동안은 적어도 아프지 않았으니 물에게 '감사합니다' 말을 한 것은 무슨 인연이 있을까.

《물은 답을 알고 있다》에서 에모토 마사루는 물의 결정체 실험을 해 놀라운 결과를 발견했다. 물이 사랑과 감사의 말을 들으면 수 결징체가 아주 아름답게 보이고, 물에다 부정적인 난어와 말을 해 주면 결정체가 아주 흉악한 모습으로 바뀐다. 감사와 사랑의 파장이 이렇게 물을 다르게 변화시키니, 70퍼센트가 물인 몸에 어떤 말을 자주 써야할지 답을 알 것 같았다. 사랑과 감사의 말을 해 정화시킨 물을 마신 건 우연이 아니었다. 과학적이었다.

물은 소중한 생명을 태어나게 하고 삶을 살아가게 만든다. 물이 없으면 인간은 어떻게 살아갈까. 물론 호흡만으로 사는 사람도 세상에 더러 있다. 하지만 그 사람이 물을 안 마신다고 해도 공기 중에 돌아다니는 이슬이 호흡으로 들어간다. 그러므로 반드시 물은 누구나 마시게 되어 있다. 삼라만상을 적시고 키우는 물에는 우주의 감사가 들어 있다. ==사랑과 감사의 키워드는 주파수를 가지고 있다. 파장이 아주 강하다.== 이 말들은 몸속의 물을 정화시켜 생명을 건강하게 만든다.

〈희생〉이란 영화는 감사를 물에게 보내면 만물이 소생하는 것을 보여준다. 영화의 감독 타르코프스키는 주인공 알렉산더의 아들을 통해 물에게 사랑과 감사를 보내면 모든 것이 소생할 수 있다는 걸 보여준다. 아들 고센은 고목에다 매일 감사하며 물을 주자 꽃이 피어날 것이란 생각을 했다. 아버지가 어릴 때 들려준 이야기, "늙은 수도승이 죽은 나무 한 그루를 산에 심었지. 그는 제자에게 그 나무가 다시 살아날 때까지 매일 정성들여 물을 주라고 말했단다. 제자는 매일 나무에게 물을 주었는데 이듬해 나무에선 예쁜 꽃이 피어났고, 그 나무는 다시 살아났단다."

실어증에 걸린 아들 고센에게 알렉산더는 끊임없이 말을 쏟아낸다. 기도였을 것이다. 아이가 낫기 바라는 감사의 기도를 했을 것이다. "하루에 두 번씩 경건하게 규칙적으로 화장실 컵에 물을 받기만 해도 세계는 구원될지 모른다"고 알렉산더는 말한다.

《물은 답을 알고 있다 2》에서도 비슷한 연구가 있었다. 에모토 마사루가 집에 있는 수돗물의 결정체가 아름답게 보이지 않아 같은 시간에 지인 500명에게 수돗물을 떠 놓고 "고맙습니다"라고 말하게 했다. 그랬더니 물의 결정이 이내 맑고 밝은 수정체의 결정으로 바뀌었다. 앞서 말한 양자물리학의 파동과 주파수가 물의 결정을 바꾼 것이다. '고맙습니다'는 감사를 받은 물은 알 수 없는 시공을 초월한 차원으로 변했다. 그러니 고마움을 표하는 말이 정말 중요하다. 하루에도 우리가 생활하면서 '고맙습니다'고 감사를 전할 기회는 30번 이상이다. 경비아저씨에게 말할 수도 있고, 출근하는 남편에게, 친절하게 인사하는 식당 종업원에게 기타 등등 많다.

감사의 말을 많이 전하는 것에는 비밀이 숨어있다. 이 단순한 비밀은 너무 쉽기 때문에 오히려 더 실천하기가 힘들 수도 있다. 하지만 물의 결정 사진이 보이지 않더라도, 모든 물체는 파동과 주파수가 있다는 걸 증명해 주는 것처럼, 감사의 말을 많이 하면 할수록 내 운명이 내 건강이, 내 주변 환경이 바뀔 수 있다.

파동은 좋은 일을 하면 반드시 좋은 일이 생기게 한다. 그에 반해 항상 비관적이고 나쁜 일만 생각하면 반드시 곤경에 빠지는 일이 생긴다. 펜듈럼이란 에너지장이 그렇게 만든다고 앞장에서 말했다. 예를 들어 길을 가다가 어떤 사람의 부정적인 면을 보고 바로 나쁜 생각을 하면, 그 생각을 한 내가 바로 발을 잘못 딛던지 어디에 부딪혀 다친다. 긍정적으로 사람들을 보면 그 사람이 웃어주고 감사하단 인사까지 하는 것을 보게 된다. 감사와 긍정이 행복하기 위한 답임을 알 수 있다.

몸속 물이 깨끗한 결정을 만들게 하는 말은 따뜻하고 상냥하고 감사하는 말이다. 좋은 기분을 들게 만드는 '감사합니다. 고맙습니다. 사랑합니다'란 단어는 어쩌면 인류가 매일 듣고 있는 말이지만 의식하지 않으면 놓치기 쉬운 말들이다.

가장 사랑하는 가족이나 자녀에게 매일 이런 말을 하여 행복하게 성장하고 있는가. 아니면 '안 돼, 짜증나, 이 멍청아'라며 물의 생명을 죽이는 말을 하고 있는가 살펴보아라. 되도록 감사와 사랑의 말을 하는 것이 좋다.

물의 결정체 실험에서 "안 돼"라고 말한 물의 수정체는 최악의 사진으로 나온다. 그럼 지금까지 안 좋은 말을 많이 내뱉은 사람에게는 희망이 없는 것일까. 그렇지 않다. 에모토 마사루의 물의 결정 실험 중, 2명의 실험 대조군에서 3명으로 바꾼 것이 있다. 한명에게는 '감사합니다'라는 말을 적어 넣고 말하게 하고, 두 번째 사람에게는 '증오한다'는 말을 하게하고, 마지막 사람에게는 그냥 무시해버리라고 지시하여, 4주 후에 밥이 어떻게 변하는지 지켜봤다.

'감사합니다'라는 말을 들은 밥은 가장 향기로운 냄새가 나고, 증오한단 말에서는 악취가 났고, 그냥 무시해버린 밥에선 가장 안 좋은 냄새가 났다. 그런데 이 세 병에다 다시 '고맙습니다'라고 말을 해주자 향기로운 냄새가 났다.

일본 대체의학협회의 데라야마 신이치는 말기 신장암에 걸렸다. 하루 일과 중 매일 옥상에 올라가 떠오르는 태양을 바라보며 "고맙습니다"라고 외쳤다. 암에 걸린 것을 인정하며 '고맙습니다. '감사합니다' 단어를 매일같이 기도하는 마음으로 크게 소리치며 말했는데 암이 완치되었다. 주변에도 기적이 많다. 지인이 폐암 말기였는데 매일같이 큰 소리로 '감사합니다'를 100만 번 이상 외치자 목소리까지 잃을 뻔한 상황에서 건강을 되찾았다.

이처럼 우리 몸은 물로 구성이 되어 있기 때문에 감사하는 물은 답을 알고 있다. 건강을 원한다면 '감사합니다'는 말을 큰 소리로 외치라고 물이 말하는 듯하다. 감사의 파동이 말을 한 본인에게로 전부 돌아와 건강을 선물한다. 지금까지 너무 부정적인 말을 했다고 상심할 필요는 없다. 앞선 연구의 안 좋게 보이는 물의 결정체에다 '고맙습니다'라고 말을 했더니 다시 향기로운 꽃을 피운 것처럼, 우리네 인생은 항상 언제든지 새롭게 도전하고 긍정하고 다시 일어설 수 있다.

> 지금 이 순간 물에 대해 감사한 점을 3가지 적어보자.
>
> 1 물이 _____해서 감사합니다.
> 2 물로 인해 _____할 수 있어 감사합니다.
> 3 물로 _____하여 감사합니다.

# 7
# 생로병사의 비밀, 감사 실천

**감사하는 마음은 백신이며, 해독제이며, 소독제이다.**
- 존 헨리 조웻 -

태어나서 늙고, 병들고 죽는다는 말 속에는 인간의 고통이 들어있다. 사람은 네 가지 삶의 고통을 피해갈 순 없다. 인도 싯다르타 왕자도 모든 것을 가졌지만, 피할 수 없는 인간의 고뇌를 해결하기 위해 결국 모든 걸 버렸다.

'사람은 한낱 숨결에 지나지 않는다. 한평생이래야 지나가는 그림자이다. (시편 144:4)' '인간의 일생은 죽음을 향한 나그네 길에 지나지 않는다.' 사람들은 무병장수하기 바란다. 그러나 생로병사는 정해진 운명처럼 우리에게 고통을 준다. 생로병사도 감사를 실천하면 고통을 피할 순 없지만, 줄일 순 있다.

포항 축구팀에서 감사하는 마음이 어떻게 식물의 성장에 영향을 미치는지 실험을 했다. 선수들이 숙소에서 아침 훈련 나갈 때, 한쪽 고구마에다가는 "사랑스러운 고구마야, 너는 참 예쁘구나! 앞으로 무럭무럭 자라라. 고마워"라고 말하게 하고, 또 한쪽 고구마에게는 "야, 니 못생긴 고구마야. 니는 안 돼. 꺼져."라고 말하게 했다. 60일 동안 똑같은 환경에서 똑같이 물을 주었는데도 긍정과 감사를 보낸 고구마의 성장이 몇 배나 더 좋았다.

포항 축구팀 황선홍 감독은 그 결과를 보고 이렇게 말했다.
"실험을 보고 많이 느꼈습니다. 어떤 말을 하느냐에 따라서 마음가짐이 이렇게 큰 변화를 가져올 수 있다고 생각했고, 실제로 선수들이 고구마 실험을 하여 서로 긍정적인 말과 감사의 말을 많이 하여 단결해서 훈련했더니 결승진출까지 하게 되었습니다. 감사하는 말의 비밀을 알게 되어 감사합니다."

그레이터 굿 과학센터의 연구 책임자인 에밀리아 토마스 박사는 "감사를 느끼면 스트레스나 어려움을 극복할 수 있는 회복 탄력성이 강화된다."고 말했다. 감사를 실천하면 남을 더 잘 도와주며 너그러워져 사람들에게 관대해진다. 병에 걸렸더라도 감사할 점을 더 많이 찾아내고 삶에 대해 긍정하는 사람들은 회복 속도가 빠르다. 다보스 병원 센터장은 대부분 병의 경과에 대해 고마움을 표현할 줄 아는 환자들이 일상 복귀 속도가 빠르고, 건강하고 행복한 삶을 사는 사람이 많다고 했다. 의사는 병을 고치는데 도움을 주는 사람이지만, 병을 고치는 사람은 환자 본인의 자세라고 말한다.

**감사하면 뇌가 활성화되는 부분이 달라져 건강해진다. 감사실천이 뇌의 사회적인 관계를 담당하는 측두엽의 쾌락 중추를 작동시켜 도파민, 세로토닌, 엔도르핀 같은 행복호르몬이 나오게 한다.** 심장 박동을 안정화시키고, 근육이 이완되게 하고, 혈압을 안정되게 만든다. 기분 좋은 행복감을 느끼게 한다. 반면 화를 내면 교감신경계를 자극해 아드레날린 같은 신경전달 물질을 분비해 부신을 자극해서 스트레스 호르몬인 코티졸을 혈액 근육 쪽으로 몰리게 해 혈압, 혈당이 올라간다. 심장 박동도 빨라진다. 생로병사를 관장하는 병의 치유법이 감사다. 실제로 감사를 해서 병을 이겨낸 사람들이 많다.

KBS 생로병사의 비밀에 출연한 김명희(61)씨는 감사실천을 통해 암을 부정적으로 바라보는 것보다 현실을 수용하고 긍정적인 마음으로 감사로 바꾸면서 암을 극복할 수 있었다. "암은 절망이 아니라 축복이고 나에게 주어진 선물이다"라는 말은 삶을 감사하게 했다.

감사하면 생리학적으로 더 건강한 심장을 가지게 되어, 심혈관 질환 등 스트레스와 관련된 질병에 더 강해진다. 꽃을 받거나 자녀가 회장이 되거나 가구를 사서 행복한 감정은 순식간에 사라진다. 하지만 감사는 특정 상황에 좌우되는 감정이 아니다. 변화와 역경에 상관없이 오래간다. 감사의 감정이 오래 지속되어 삶을 바꾼다.

엄마가 감사에 관한 책을 쓰고 있는 걸 보고, 11살 둘째 아들이 조언해주었다.
"엄마, 감사하면 달라지는 것이 뭔지 알아?"
"감사하면 뭐가 달라질까? 혹시 재혁이는 아니? 엄마한테 말해봐. 그걸 좋은 감사의 글감으로 책에다 실어두면 좋을 것 같구나."
"엄마, 감사를 하면 행복해져."
"맞아, 재혁아. 엄마도 감사하니 행복해지고 있단다. 하나 더 말해줄 수 있니?"
아이가 엄마를 보면서 미소 지으며 자신이 한 말에 대해 흐뭇해했다. 또 다른 한 가지 감사하면 달라지는 것들에 대해 곰곰이 천장을 보며 생각했다.

"엄마, 감사하면 사이가 좋아져."

"와, 우리 재혁이 완전 철학자네. 맞아. 사람들 사이에서 관계와 소통이 가장 중요한 행복의 요소인데 감사를 하면 관계가 좋아지는 거 맞네. 어떻게 알았지?"

"엄마가 3가지를 말하라고 했으니까 한 가지 더 말할 게. 감사하면 건강해져."

이미 아이도 알고 있다. 감사는 긍정의 마음을 갖게 하고 삶의 모든 면에서 다 좋을 수 있다는 것을. 김재영 연세대 사회복지학과 교수는 감사함으로서 그 사람이 얼마나 소중한지 인정하게 되고, 이 소중한 존재를 인정함으로서 존재의 이유와 가치를 느끼게 된다. 변화의 첫 단계가 감사 실천이다.

감사는 위기 탈출의 지혜이자 상황을 반전시킬 수 있는 행복한 마술이다. 《365 Thank you》의 저자 존 크랠릭은 미국에서 변호사로 살아오다 이혼과 파산으로 삶의 나락으로 떨어졌다가 감사카드를 365일 동안 매일 보내 삶을 바꾼 사람이다. 심리적 공황상태에 있던 사람이 갑자기 이런 내면의 목소리가 들렸다고 한다.

"네가 지금 가지고 있는 것들에 대해 감사하기 전까진 원하는 것을 얻지 못할 것이다."

감사하는 마음은 삶의 모든 것들을 녹아버리게 만든다. 부정을 제거하기 때문에 사랑을 볼 수 있게 한다. 생로병사의 고통도 이길 수 있는 감사의 마술에 빠져보는 것은 어떨까?

인간이라면 최종적으로 얻고자 하는 것이 행복 아니던가. 행복하기 위한 감사실천은 마음을 조금만 바꾸면 쉽게 할 수 있는 행동이다. 지속적으로 우주의 강력한 힘에 연결된 상태로 살 수 있게 해주는 것이 감사하는 마음이기 때문에 평생 동안 '감사합니다'라는 오직 한마디의 기도만으로 생로병사를 이기기에 충분하다. 우리가 세상에 아무것도 없이 태어나 아무것도 없이 가는 인생의 여행에서 감사하는 마음을 느낄 때에만 삶이 풍성해진다는 것을 기억하자.

**1** 오늘 하루의 삶 속에서 가장 감사하다고 생각된 것은 무엇입니까? _____

**2** 부모님께(자녀에게) 감사하고 고마운 점 한 가지를 생각해 봅시다. _____

**3** 자신에게 감사하고 고마운 점을 한 가지 써봅시다.
_____

# 8
# 감사는 행복 에너지, 불평은 마음속 가시

**지금 이 순간에 감사하면 삶의 영적 차원이 열릴 것이다.**

- 에크하르트 톨레 -

등산객 한 명이 눈보라 치는 산에서 길을 잃었다. 앞을 보기 어려웠다.

"산장을 찾을 수가 없어. 눈이 많이 와서 추워. 더 이상 희망이 없어. 집에 못 갈 것 같아. 내가 죽으면 가족들은 어떻게 하지? 날씨가 하필이면 이렇게 안 좋을 게 뭐람. 오늘 괜히 나왔네. 이를 어쩌지? 제기랄, 눈 때문에 이제 모든 걸 다 잃게 생겼네. 더 이상 추워서 난 못 걸어."

눈이 많이 내린 것에 대해 불평하며 앞으로 나아가기를 거부한 등산객은 그 자리에서 목숨을 잃었다. 바로 5미터만 더 가면 산장이 있었다. 오지 탐험 전문가들은 조난자들을 죽음으로 내보는 것은 체력저하가 아니라 희망을 버리기 때문이라고 말한다.

등산객이 눈보라가 많이 치는 상황에서 감사를 했더라면 어떻게 되었을까? 목숨이 아직 남아있어 숨 쉴 수 있어 감사하고, 반드시 구조될 것이라는 생각을 하며 발을 조금만 움직였더라면?

미국 미시간 대학교 연구센터에서 수천 명을 대상으로 10년 동안 추적 연구를 실시했다. 감사와 불평과의 상관관계를 연구했다. 불평과 불만이 많아 삶에서 투덜대며 부정적인 생각을 많이 하는 사람들은 인간관계, 건강 등 많은 문제들을 달고 살았다. 비교적 고독하게 살아서 사망률도 1.5배 높았다. **반면 감사하는 사람들은 생활만족도가 높고, 인간관계, 건강 모두 좋았다.**

갈릴레오, 뉴턴, 아인슈타인의 계보를 잇는 현대의 우주 물리학자이자 루게릭병을 이겨낸 스티븐 호킹 박사는 자신의 병에 불평하지 않았다. 읽고, 말하고, 쓰는 것이 어려운 상황에서도 중요한 업적을 이루어냈다. 병마를 이겨내며 불평하지 않고 이렇게 말했다.

**"삶이 아무리 힘들어도 살아있는 한 누구나 희망이 있고 또 성공할 여지가 충분히 있다."**

30년 동안 휠체어를 타고 다니며 생활하는 건 쉬운 일이 아니다. 불평과 불만이 많을 수 있음에도 불구하고 그는 자신이 가진 것에 대해 감사했다. 손이 아직 살아서 움직이고, 뇌는 아직도 사고하고 있다며 평생 꿈을 향해 전진했다. 사랑하는 가족과 친구들이 있어 감사하고, 감사할 것투성이라고 말한다.

《상처받지 않는 영혼》의 저자 마이클 싱어는 신경을 바로 건드리는 가시가 팔에 박혀 있다고 생각해 보라 한다. 가시를 누가 건들기만 하면 심한 고통이 느껴지기 때문에 이 가시는 박혀있는 상태에서는 모든 것이 불평거리다. 잠이 들면 팔을 움직이기 힘드니까 잠을 푹 잘 수도 없다. 거기에다 가시 때문에 잘 수 없다고 불만스러운 마음까지 더하면 몸이 더 아프다. 사람들이 건드릴 수 있으니 사람들과 가까이 하기도 어렵다. 가시가 박혀 있는 상태에서는 계속 불평과 불만이 터져 나온다. 밖에 나가면 가시를 건드릴까봐 두렵다.

이 때 가시를 없애는 방법은 두 가지다. 첫째, 가시가 건드려질 때마다 너무 괴로우니 아무것도 접촉하지 않고 불평 보호막을 치며 고통스러운 가운데 사는 것이다. 하지만 언제든지 가시를 건드리는 외부상황이 존재한다. 두 번째 방법은 빼내는 것이다. 어떤 식으로든 가시를 빼내면 내면의 고통이 줄어든다. 불평을 하는 자신의 느낌을 바라보는 것이다. 그리고 할 수 있는 행동을 해주면 된다. 감정을 있는 그대로 바라보면 고통이 줄어들 수 있다. 감사하면 가시는 저절로 빠진다.

사람은 마음속에서 움직이는 에너지를 가지고 있다. 긍정과 부정 두 가지 에너지다. 긍정에너지인 감사는 일이 뜻대로 되지 않을 때에도 초연함을 잃지 않고 여전히 행복을 누릴 수 있도록 해준다. 감사는 마음 속 고통스런 가시를 빼내주는 강력한 도구이다. 불평이라는 가시만 빼내도 행복 에너지를 얻을 수 있다.

반면 불평과 불만이라는 가시는 백해무익하다. 모든 것이 순조롭고 탄탄대로로 흘러가도 감사하고 만족하기는커녕 당연하게 생각하며 오히려 불만거리를 억지로 찾아낸다. 기꺼이 뺀 가시에다 더 많은 가시를 박는 것과 같다. 행복 에너지에서 멀어지게 되어 삶을 불행하게 만든다.

우동을 좋아하는 사춘기 여학생이 엄마와 크게 싸우고 우동 파는 가게로 달려갔다. 눈물을 흘리며 우동 한 그릇 먹고 싶어서 주머니를 봤더니 돈이 없었다. 주인 아주머니가 왜 그렇게 우느냐고 물어보자, 소녀는 엄마와 지금 크게 싸우고 너무 스트레스를 받아 우동 한 그릇이 먹고 싶어 왔다고 말했다. 딱하게 여긴 아주머니는 그냥 우동 한 그릇을 내주었다. 소녀는 "고맙습니다. 감사합니다. 저에게 이렇게 큰 친절을 베풀어 주셔서 감사합니다." 라고 말하고는 우동을 먹었다. 아주머니는 불평하는 소녀의 가시를 빼주었다.

"애야, 15년 넘게 너를 길러주신 엄마에게는 감사하지 않고, 그깟 우동 한 그릇 그냥 준 것으로 나에게 고마움을 표시하는구나. 누구에게 더 감사해야 하겠니?"

지금 이 순간 내 앞에 소중한 사람에게는 감사하지 않고 낯선 사람에게만 감사하는 소녀의 행동에서 우리는 불평이 얼마나 큰 손해인 줄 알 수 있다. 물론 소녀는 부모님과 싸워서 화가 났을 수도 있다. 하지만 감사하기로 선택할 수도 있었다. 화가 나는 상황에서 빠져나와보니 우동을 준 아주머니께 감사하지 않았는가. 행복 에너지를 빼앗아가는 불평과 불만의 가시를 행복을 위해 가급적 없애야 한다.

지금 이 순간 부모님께 감사한 3가지를 적어보자.

1 _____
2 _____
3 _____

# 9
# 감사의 씨를 뿌려 행복 열매 맺기

자신이 가진 모든 것에 감사하면 마음이 열린다.

- 닐 도널드 월시

노자의 도덕경 제 33장에는 '남을 아는 자는 지혜롭고, 스스로를 아는 자는 현명하며, 남을 이기는 자는 힘이 있고, 스스로를 이기는 자는 강하며, 만족하며 감사하는 자는 부유하다.'라는 말이 있다. 스스로 만족하며 불평하지 않는 사람을 부자라고 말한다. 우리가 꿈꾸는 마음의 풍요와 괴로움을 제거할 수 있는 행복 에너지가 감사다.

우리는 물질로 측정할 수 있는, 보이는 것을 많이 가진 사람이 부자라고 한다. 하지만 그보다 더 부자는 마음의 부자다. ==현재 상황에 만족하며 감사할 줄 아는 사람이 진짜 부자다. 그런 사람은 행복하다. 감사의 씨앗을 마음속에 많이 뿌리면 행복이란 열매가 주렁주렁 맺는다. 물질이 주는 것에는 한계가 있다. 정신과 마음을 통해 얻는 행복은 오래 지속된다.==

한 수도자가 스승에게 물었다.
"지금 이 시대에 가장 큰 문제는 무엇입니까? 전쟁입니까? 환경입니까?"
"그렇지 않다."
"그럼 대리입니끼?"
"그것도 아니다."
"그럼 대체 뭡니까?"
"감사할 줄 모르는 것이다."

감사할 줄 모르고 물질적인 부만 찾다가 사람들은 정신이 피폐해지고 있다. 사람들은 그 방법을 몰라서 실천하지 않는 것은 아니다. 감사할 줄 몰라서 안 하는 것이 아니라 우리 마음이 감사를 가로막고 있다. 감사할 줄 모르는 마음을 바꾸어 행복하기 위해서라도 감사를 항상 마음속에 간직해야 할 것이다.

둘째 아들과 차를 타고 가고 있었다. 감사에 대한 책을 쓰고 있어서 11살 아들에게 물었다.

"재혁아, 사랑·감사·믿음·소망·행복 중 세상에서 가장 중요한 가치를 하나만 골라봐.

"엄마, 그건 당연히 감사지!" 의외의 대답이었다. 사랑이라고 할 줄 알았다.

"그래? 왜 감사가 가장 중요한데?"

"감사는 나머지 모든 걸 포함하고 있기 때문이야. 사랑도 감사할 줄 알아야 나오고, 믿음도 감사에서 나오고, 소망도 감사해야 원하는 것이 이루어지는 거야. 행복은 말할 것도 없지."

평소 감사를 많이 말해서일까. 아이가 그 나이에 나올 수 없는 심오한 철학적 답변을 해서 깜짝 놀랐다. 아이들은 아직 두뇌의 화학 반응이 발달하지 않아서, 부모가 해주는 모든 것들을 당연한 것으로 생각한다고 신경과학자들은 말한다. 예를 들어 부모가 장난감을 사주고 음식을 만들어주고 키워주고, 뒷바라지 해주는 것을 당연하게 생각한다. 괜히 아이들에게 감사함을 기대했다가 실망만 하기 일쑤다. 신경과학자들은 아이의 두뇌가 각기 다른 영역에서 다른 속도로 발달하기 때문에 감사함을 잘 모른다고 한다. 전두엽 피질이 발달한 어른들이 아이들에게 감사하기를 가르칠 필요가 있다고 한다.

감사의 씨앗을 뿌려 행복 연습을 가정에서 많이 해서일까. 과학자들의 연구도 무색하게 만든 아들의 강한 울림에서 필자는 무엇이 아이로 하여금 감사가 가장 중요한 가치라고 대답했는지 생각해 보았다.

평소에 집에서 '감사합니다'라는 말을 많이 연습한다. 자기 전에 아이들에게 감사한 점 한 가지를 말한다.
"중학교 2학년, 성민이가 학교에 잘 다녀와서 감사합니다. 4학년, 재혁이가 오늘 볼링을 잘 쳐서 감사합니다."
아이들에게도 엄마에 대해 오늘 감사한 점 한 가지를 말해보게 한다.
큰애는 "엄마가 멋져서 감사합니다." 둘째는 "오늘도 엄마가 재미있게 해줘서 감사합니다." 감사의 릴레이가 시작되는 듯, 엄마는 즐거워 또 이렇게 감사한 걸 이야기 한다.
"아빠가 운동을 가줘서 감사합니다." 순간 거실에서는 웃음과 행복 에너지가 충만했다. 혹시, 감사하단 말의 씨앗을 우리 가족의 거실에 심어 놓은 건 아닐까. 그래서 그 씨앗이 미소라는 꽃으로 피운 걸까. 여러 생각이 들던 중, 아이들이 읽는 동화를 책꽂이에서 꺼내 읽었다.

'어느 날 씨앗이 바람에 날려 바다에 빠졌습니다. 난생 처음 물에 빠진 씨앗은 당황하였습니다. 헤엄을 못 치니 물에 가라앉았습니다. 물고기도 보이고 미역도 보였습니다. 물고기들은 헤엄을 잘 치는데 자신은 계속 가라앉기만 하여 무서웠습니다. 땅에 가라앉아 며칠을 기다려 보니 자신의 몸에서 뭔가 피어오르기 시작했습니다. 새싹이었습니다. 놀랍게도 시간이 더 지나자 꽃을 피웠습니다. 씨앗은 자신이 꽃을 피우기 위해 땅으로 떨어졌다는 걸 알고 기뻐했습니다.'

이 동화를 읽고, 모든 사람들의 마음에는 감사의 씨앗이 있다고 생각했다. 작은 나무도 씨앗이 있기에 뿌리가 생기고, 가지가 생기고, 잎이 생성되어 열매를 맺는다. 가장 작은 단위인 씨앗이 모든 생명을 움직이게 한다는 사실에 감사함이 밀려왔다. 감사의 씨앗이 행복의 시발점이다. 우리 가족이 행복하게 생활할 수 있고, 웃을 수 있고, 면역력을 강화시키는 회복제가 감사의 씨앗이라고 생각했다. 감사는 지금 이 순간 천국에서 살게 해준다고 그랬던가. 감사하는데 돈이 드는 것도 아니고 힘도 들지 않는다. 그저 생각 하나만 바꾸면 행복과 미소가 저절로 꽃과 열매를 피우게 한다.

지금 행복하려면 무조건 감사의 씨앗을 많이 뿌리자. 감사하면 불행 끝, 행복의 시작이다.

최근 엔도르핀보다 4000배 더 강력한 다이돌핀이란 호르몬이 있다고 밝혀졌다. 웃거나 긍정적인 생각과 사랑을 할 때 뇌 속에는 알파파와 엔도르핀이 동시에 분비된다. 알파파는 건강, 활력, 여유, 웃음을 준다. **웃음과 감사는 장수의 묘약이다. 장수하는 사람들은 전부 긍정적인 정서에 대해서 이야기 한다.** 감동을 받아 감사하면 엔도르핀보다 더 강력한 다이돌핀이 만들어진다. 다이돌핀은 노래나 시, 풍경에 감동 받아 압도된 느낌일 때 생성된다. 새로운 진리를 깨닫거나 엄청난 사랑에 빠졌을 때도 이 호르몬이 나온다. 과학적으로도 감사의 씨앗이 가족의 행복을 책임진 이유가 있었다.

'행동의 근원은 마음이다. 옳다고 하니까 옳은 것이고, 옳지 않다고 하니까 옳지 않은 것이 된다. 그렇다고 하니까 그런 것이고, 그렇지 않다고 하니까 그렇지 않은 것이 된다. 그렇다고 하는 사람과 그렇지 않다고 말하는 사람은 누구인가? 마음이다.'

《장자》의 〈내편 제물론〉에 나오는 말이다.

감사하라고 말하는 사람은 누구이며, 감사하지 말라고 말하는 사람은 누구인가? 바로 내 마음이다.

우리나라의 스트레스 지수는 미국과 일본에 비하면 아주 높다. 95%나 된다. 미국은 40%, 일본은 61%다. 미국과 일본에 가보면 '땡큐'와 '아리가토 고자이마스'를 정말 많이 듣는다. 식당을 가든 어딜 가든 잠시 옷깃을 스치든, '감사합니다' 라고 많이 말한다. 혹시 스트레스가 감사하지 않은 것에서 원인을 찾을 수 있을까. 그럴 수도 있겠단 생각이 들었다. 가정에서 평소 감사함을 가르쳐서 감사 씨앗을 뿌렸기에 감사 표현을 잘 하는 것일 수도 있겠다고 생각했다. 행복의 성소인 가정에서 다이돌핀이 분비되기 위해 감사의 씨앗을 많이 뿌려야 한다. 가족 구성원들이 행복 열매를 많이 맺어야 사회가 더 건강해진다.

자갈밭과 비옥한 토양에다 씨를 뿌리면, 옥토에서 씨앗이 더 잘 자란다. 수확도 훨씬 더 많다. 땅이 기름져서 농사짓기 알맞은 흙에다 사과 씨를 심으면 사과나무가 생기고, 포도 씨를 심으면 포도나무에서 포도가 나온다. 물질세계도 그러하듯이 마음속에서도 감사의 씨를 평소에 많이 뿌리면 감사나무가 많이 생겨 감사라는 열매를 맺을 것이다.

지금 이 순간 내가 가지고 있는 3가지에 대해 감사해보자.

1 _____
2 _____
3 _____를 가지고 있어서 감사합니다.

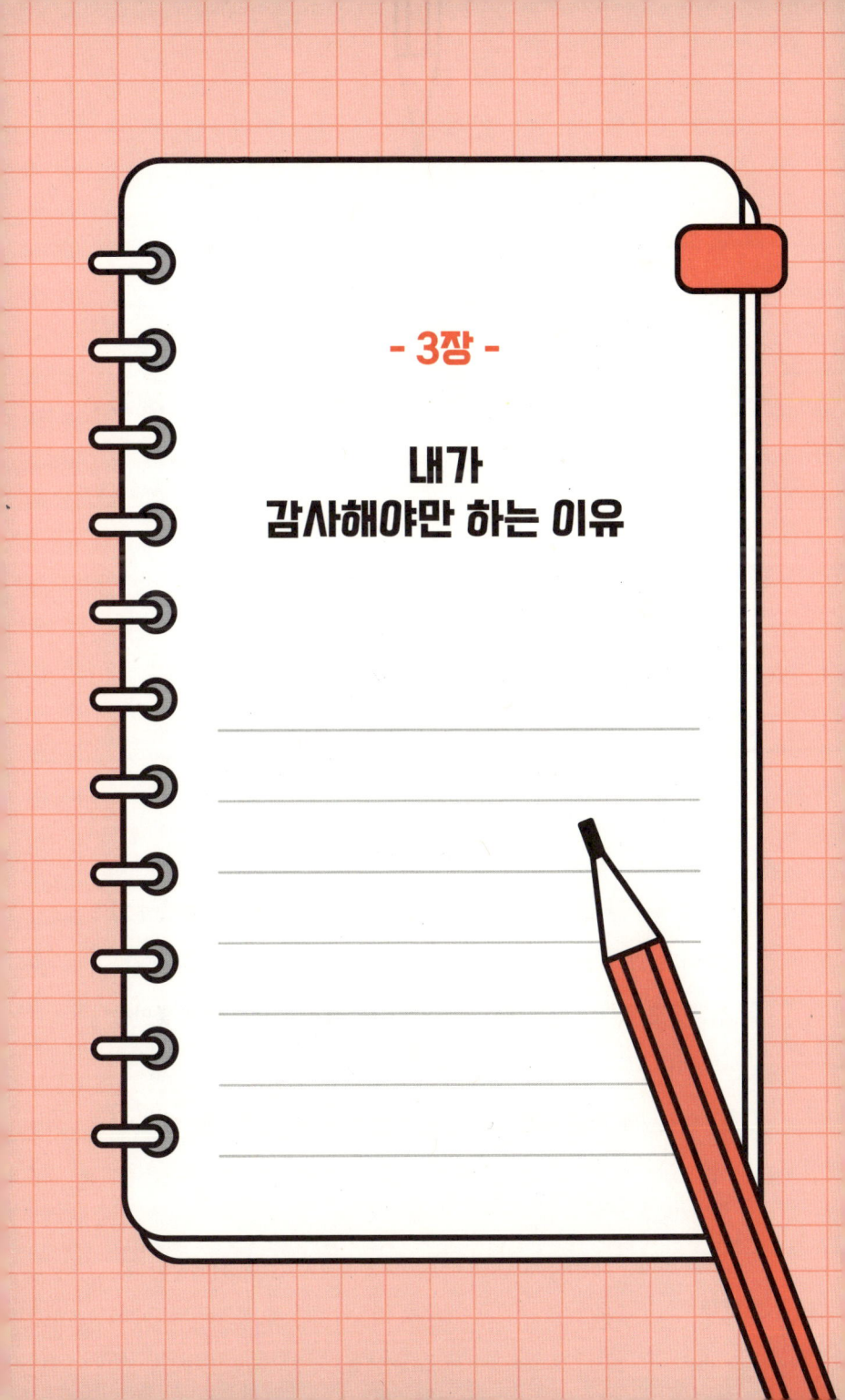

- 3장 -

## 내가
## 감사해야만 하는 이유

# 1
# 진짜 장애는 불평하는 마음

**감사는 감사의 열매를 맺고,**

**불평은 불평의 열매를 맺는다.**

- 루이스 헤이 -

언제나 자신의 신세를 비관하는 노새가 산골 농부의 집에서 일을 하고 있었다. 매일 말도 아니고 당나귀도 아닌, 중간잡종이라 정체성도 없다며 불평했다. 밤에 잠을 잘 때에도 모든 일에 불만을 토했다.

"나는 왜 다른 동물보다 힘들게 일만 하고, 인정도 못 받는 걸까?"

자신이 왜 태어났는지 모르겠다며 하루 종일 부정적인 말만 했다.

"아침 일찍부터 저녁 늦게까지 일만 시키고, 한시도 마음 편히 잠도 못자고, 내 신세야. 내 신세…"

밤마다 불평을 늘어놓는 노새에게 운명의 신이 나타나서 다른 곳으로 가게 해주었다. 노새가 팔려간 곳은 가죽집, 그 곳은 전에 일하던 곳보다 더 심했다. 가죽이 무겁고 냄새도 역해서 전보다 더 심하게 불평했다.

"민지 빈 집이 훨씬 더 좋았어. 그땐 등에 짐을 실어도 훨씬 더 가벼웠잖아. 고약한 냄새 때문에 죽겠어. 가죽 나르는 동안 등가죽이 다 벗겨지고 잠시도 쉴 여유가 없잖아. 여기는 더 지옥이야."

운명의 신에게 또 옮겨달라고 했는데 그곳은 석탄을 나르는 곳이라 석탄 가루 때문에 질식해 죽을 것 같았다. 최악의 말을 퍼부으며 자신의 마음에 불평 가루를 가득 채웠다.

보다 못한 운명의 신은 이렇게 말했다.

"너는 참 한심한 동물이다. 세상에 너만큼 고생 안하고 사는 동물이 어디 있느냐? 너만큼 불평꾼이 갈 곳은 딱 한 군데뿐이다. 마을의 오물을 처리하는 곳으로 가라"

노새는 자신의 처지를 비관하고 한시도 불평을 입에서 놓은 적이 없어 결국은 가장 더러운 곳으로 가게 되었다. 첫 번째 농사짓는 집에서 감사하며 일을 묵묵히 열심히 했더라면 최악의 상황은 피할 수 있었을 것이다. 마음속에 불평이라는 핵폭탄을 항상 들고 다니니 언제라도 터질 수밖에 없다.

우리의 마음은 항상 두 가지 감정을 지니고 있다. 좋은 감정과 나쁜 감정, 이 두 감정이 현실을 지배하는데 좋은 감정이 나오려면 좋은 생각이 선행되어야 한다. 나쁜 감정에는 반드시 나쁜 생각이 있다. 불평하는 마음, 부족하다는 마음, 지금의 처지가 괴롭다는 마음 등, 반드시 부정적인 생각이 있다. 부정적인 생각은 부정적인 상황을 만들고 계속 기분을 나쁘게 해 마음속에 큰 장애를 일으킨다. 병이 나게 하고, 통증을 유발하며 현실에서 불행한 일들을 계속 끌어당긴다.

불평할 상황 속에서도 감사한 점은 분명히 있다. 노새에게 첫 번째 일터에서 그래도 잠을 잘 수 있고, 잠시 쉴 수도 있고, 좋은 자연에서 일을 할 수 있다고 감사하는 마음을 냈더라면 어떻게 되었을까? 감사하는 마음을 가지면 불평이 끊어진다. 긍정적인 감정과 부정적인 감정은 양립할 수 없다. 한 가지 감정을 느낄 때 그 감정이 현실에 나타난다. 생각이 감정을 낳고, 감정이 현실을 창조한다. 그러니 지금의 상황이 불행하고 불만이라면 생각을 감사로 바꾸려고 노력하자. 감사하는 순간 모든 불평할 일들은 공기 속에 사라진다.

얼굴에 여드름이 나서 불만이어도 감사하자. 커피가 식어 불만이라도 감사하자. 주차장에 자리가 없어도 감사하자. 감사하는 순간 에너지가 바뀌어 좋은 환경을 가져다 줄 것이다.

진짜 장애는 보이지 않는 마음의 장애다. 세상을 살아가면서 주변의 환경 때문에 무너지는 일들이 수도 없이 반복되지만 '나는 할 수 있어. 그냥 살아 있는 것만으로도 감사한 거야. 내가 내 인생의 주인공이야'라는 생각을 가지고 그것을 실제로 마음속 혹은 밖으로 내뱉는다면 마음의 장애는 차츰 사라질 것이다.

감사는 모든 문제의 해결책이다. 부정적인 감정이 드는 순간, 감사의 마음으로 전환하면 모든 문제가 녹아 없어진다. 필자도 살면서 돈에 대해서 불평을 많이 했다. 돈이 있어도 불평, 없어도 불평했다. 돈은 마음속에 불평과 불만을 가지고 있는 사람에게는 들어가기 싫어한다. 감사하며 아끼는 사람들에게 돈은 더 가고 싶어 한다. 돈은 에너지라서 손·발이 달려있기 때문에 돈에 대해 감사하는 사람에게 더 잘 들어간다. 돈에 대해서 감사하기를 실천하면서 생활이 더 풍요로워짐을 느낀다.

브리티시 콜럼비아 대학교, 마이클 노턴 경영 대학원 교수가 실시한 돈에 관한 연구에서 흥미로운 사실을 발견했다.

대학 캠퍼스에서 무작위로 대학생들에게 5달러가 든 봉투를 자신을 위해 혹은 타인을 위해 쓰라고 건네주었다. 자신을 위해 뭔가를 사는 사람들은 큰 행복감을 느끼지 않았다. 그 돈에 대해서 감사하지 않고, 당연히 운이 좋아 받은 거라고 생각하고 스타벅스에 가서 커피를 마셨다. 하지만 그 돈을 타인을 위해 감사하며 쓴 대학생들은 만족감과 행복감이 높았다. 언니에게 머리핀을 사준 사람, 커피를 타인에게 사 준 사람들이 돈을 쓸 때에 만족감이 높았다.

돈에 대해서 불평하지 않고 감사하는 마음으로 생활할 수 있다면 마음의 많은 영역에서 장애를 없앨 수 있을 것이다. 감사하는 마음은 언제나 행복한 감정을 수반하기 때문이다. 불평하는 마음은 더 많이 가지지 못해서, 더 좋은 곳에 있지 못해서, 지금의 상황이 만족스럽지 못해서 나온다. 그 부정적인 마음은 생활을 할 때 언제나 장애로 작용해 앞으로 나아가는 것을 막는다.

이 세상에 모든 장애를 다 짊어지고 태어난 헬렌 켈러도 이런 말을 했다.
"우리는 불평을 갖기 때문에 불평을 말하게 되는데, 모든 것을 참고 감사하면 불평은 사라진다."
세상에는 수많은 신체장애를 입고서도 행복하게 살아가는 사람들도 많다. 보이는 것이 다가 아니기 때문에 마음의 장애를 극복하는 것이 가장 중요하다. 행복한 사람들은 마음의 장애를 극복한 사람들이다.

"불행할 때 감사하면 불행이 끝나고 모든 일이 잘 되고, 형통할 때에 감사하면 형통이 연장된다."라고 스펄젼은 말한다.

인생에서 마음에 들지 않아서 바꾸고 싶은 것들보다는 지금 만족스러운 부분에 집중하여 거기에 감사하면 마음의 장애가 사라져서 좋은 부분을 강화시킨다.

법륜 스님의 행복톡에 이런 글귀가 있었다.
'긍정으로 감사하며 보라는 것은 '다 좋다'는 얘기가 아니다. 넘어지면 '아, 이래서 내가 넘어졌구나' 하고 감사하며 교훈을 얻어서, 다음에는 안 넘어질 수 있는 길을 찾는 것이다. 그러면 결과적으로 넘어진 게 안 넘어진 것보다 더 좋은 일이 된다. 일부러 넘어지라는 것이 아니라 결과를 현실로 받아들이고, 거기에서 또 출발해야 한다. 이런 자세를 가지면 '실패가 곧 성공의 어머니'라는 말이 현실이 되고 늘 감사하며 웃을 수 있다.'

마음의 장애를 감사와 긍정으로 뛰어 넘을 수 있다는 말에서 위로를 받는다. 행운은 언제나 그것을 바라는 사람의 손에 온다. 꿈을 꾸고 그 과정에서 무수한 장애물을 만나게 되더라도 그것 너

머에는 완전히 새로운 자유가 기다리고 있다. 그 자유의 시작이 감사이다. 장애는 자신의 주저함과 혼란을 비춰주는 거울이니 장애를 이용하여 스스로를 밝히자. 일상의 시련은 언제나 영혼을 비추는 거울이다.

비난하거나 불평하지 말자. 비난이란 집나간 집비둘기 같아서 반드시 자신의 마음의 집으로 돌아오게 되어 있다. 계속 불평으로 부정적인 핵폭탄을 가슴에 안고 살 것인가, 아니면 지금 가지고 있는 것에 감사하며 마음 속 장애를 하나씩 없애면서 살 것인가?

**마음 속 불평을 감사로 바꿔본다.**

1 _____라는 불평이 있지만 그럼에도 _____해 감사하다.

2 _____해서 불만이지만 그래도 _____가 있어 감사하다.

3 _____라는 불평을 감사로 바꾸어 감사하다.

# 2
# 감사는 열정적으로 전염된다

**감사하는 마음이 감사할 일들을 부른다.**

- 마시 시모프 -

　예전에 강연 100°C를 봤다. 박진영이라는 청년이 나와서 강연을 하는데, 그는 어린 시절 부모가 이혼하고 가난하여 할머니 손에서 자랐다. 아르바이트로 막노동을 하며 다치기도 하고, 일반 사람들이 경험하지 못하는 고통을 겪었다. 그는 공부로 성공하자고 다짐하고 12시간 막노동 후, 공부하려 했다. 처음엔 집중이 안 되었다. 그래서 10분이라도 집중한 것에 대해서 감사하고, 30분 집중해서 감사하다고 계속 말했다. 6시간 집중할 수 있게 되자 교육방

송만 보고 공부를 한 그는 의대에 합격했다.

그 방송을 보고 시청자들은 그가 '그럼에도 불구하고 감사'한 것에 대해서 감명 받았다. 텔레비전 자막에 계속해서 '그럼에도 불구하고 감사'가 떴을 때 시청자들은 그의 성공의 비밀이 감사하는 열정이란 걸 눈치 챘을 것이다. 그리고 의식이 있는 사람들은 그가 위기 속에서도 연약함이 강함이 되어 정금이 되었던 원인이 할머니의 돌봄도 있었지만 감사임을 인지할 것이다. 그들은 불평하는 마음을 감사로 전환시키고 살 것이다.

감사하는 마음을 가진 사람들은 이처럼 주변 사람들을 감사의 에너지로 전염시키는 마력이 있다. 우리가 삶에서 더 좋은 것들이 생기기 바란다면, 문제점과 내 앞에 놓인 장애물에 에너지를 쏟는 것보다 이미 존재하는 좋은 일, 잘 되는 것에 집중할 필요가 있다. 자신이 가지고 있는 감사한 것에 대해 더 집중하면 더 좋은 것들이 자동적으로 끌려온다. 감사는 감사할 일들을 더 많이 데리고 오는 우주의 절대 법칙이기 때문이다.

"과도한 감사만큼 지나친 미덕은 없다."라고 J. 라 브뤼예르가 말했다. 감사는 해도 해도 또 나오고 지나칠 정도로 해도 더 많이 감사할 일들이 생기고, 주변 세상을 아름답게 변화시킨다.

필자가 운영하는 '한국 미라클모닝' 카페에는 매일 회원들이 감사메모 일기를 남긴다. 한명이 감사하기 시작하면 댓글로 감사를 또 남기고 그 밑에다 또 감사를 남기니 감사가 선순환이 되어 긍정의 말들이 가득한 카페가 되었다. 감사의 열정들을 서로 전염시켜 아침 일찍부터 삶의 초점을 어디에 둘 것인지를 다짐하고 결심하여 주변 환경을 변화시키는 분들이 많다.

예를 들어 2017년 8월 16일 오전 6시20분에 Y회원님께 광복절에 감사한 필지의 글을 보고, 이렇게 감사힌 짐들을 기록으로 님겼다.

> 오늘도 무사히 일어나서 감사합니다.
>
> 살아 있어서 감사합니다.
>
> 살아 숨쉬고 있어서 감사합니다.
>
> 나, 아버지, 어머니, 동생이 건강하여 감사합니다.
>
> 가족이 있어서 감사합니다.
>
> 부모님께 감사합니다.
>
> 비가 시원하게 내려 감사합니다.
>
> 8·15광복절을 맞아 나라를 위해 희생하신 순국선열, 애국지사 분들게 고개숙여 깊이 감사한 마음을 전합니다. 진심으로 감사드립니다.

지금의 나를 있게 해 주신 모든 선조분들, 조상에게 감사합니다.

나 자신에게 항상 감사합니다.

내가 변하니 외부 상황들이 변함을 경험하고 있어 감사합니다.

하루 최소 수십 개 이상 쓰는 감사의 힘을 느껴 감사합니다.

내 신체에 감사합니다.

내 몸의 모든 세포, 기관들에 감사합니다.

좋게 느껴지는 것, 싫게 느껴지는 것 모두 감사합니다.

숨쉬는 온기 감사합니다. 지구의 모든 자연과 생명체에 감사합니다.

진정으로 모든 것에 감사합니다.

이렇게 감사하는 분을 보면 같이 읽고 감사를 안 할 수가 없다. 실제로 이런 분들을 만나 보면, 친절을 베푸는 많은 분들께 크게 '감사합니다' '감사합니다' '감사합니다'로 인사를 전하는 것을 본다. 옆에서 그 에너지가 전해져 덩달아 감사하게 된다. 감사의 에너지는 전염성이 강하다. 감사하는 사람과 같이 있으면 긍정 에너지가 많이 나와 행복하다. 진짜 행복한 사람은 일상생활에서 감사에 집중한다. 행복한 사람과 행복하지 않은 사람의 차이는 단순하다. 감사함에 주의를 기울이느냐 기울이지 않느냐에 달려있다.

기생충이나 말라리아 같은 것에 전염이 되면 몸이 급속도로 나빠지지만, 감사에 전염되면 몸이 급속도로 좋아진다. 매일 웃는 연습을 하고, 거울을 보며 스스로에게 감사할 점들을 속으로 말해 본다. 감사할 점들을 메모로 남기거나 인터넷 상의 블로그나 카페에 올리면 감사의 열정 에너지가 타고 타고 다른 사람들에게 갔다가 결국 감사를 한 나에게 부메랑처럼 몇 배 더 에너지가 불어나 온다.

순교로 아들을 두 명이나 잃은 손양목 목사 순교 기념관에는 그가 쓴 9가지 감사가 있다. 그 글을 읽으면서 진심으로 감사하는 분의 열정이 사람들을 감동시키고 감사 에너지를 전파한다고 생각했다.
'한 아들의 순교도 귀하거늘 하물며 두 아들이 함께 순교했으니 더더욱 감사합니다.'
과연 아이를 잃은 부모에게서 이런 감사가 나올 수 있다는 것은 평소에 감사로 수많은 사람들을 변화시켰기 때문이라고 생각한다. 감사하기로 마음먹은 사람이 사기로 전 재산을 다 잃었어도 '까짓, 괜찮아'라고 생각하며 "모든 것에 감사합니다. 나는 더 이상 아무 불만이 없습니다."라고 말하면 삶이 어떻게 바뀔까? 삼라만상에 대한 감사를 일상에 적용시킨 사람들의 이야기를 들으면 어떤 상황에서든 감사하게 된다. 감사 열정이 이야기를 접하는 사람에게 전염된다.

삶을 지탱하는 닻이 감사다. 무슨 일이 있어도 불만스러워하지 않는 사람들은 감사하는 사람들이다. 이들 옆에 있고, 그들이 쓴 감사할 점들을 보면 은연중에 감사의식이 마음속에 스며든다.

미국의 스티브 알렉시는 뇌성마비 보디빌더다. 의사가 걷지도 못하고 보호시설에서 평생 살아야 할 것이라고 했는데 그는 불가능은 없다고 생각하며 자신이 할 수 있다는 걸 보여주기 위해서 보디빌딩 대회에서 6번이나 수상했다. 자신이 가지고 있는 능력에 감사하며 할 수 있다는 긍정적인 마음으로 전 세계 사람들에게 감사의 감동을 선물한 그는 인터뷰에서 이렇게 말했다.

"나는 장애가 있지만 무능력하지 않습니다.(I have a disability, but I'm not disabled)"

감사하는 사람들은 긍정 정신으로 무장되어 있다. 감사는 기분 좋은 울림이며, 모든 사람들, 상황들에 긍정 바이러스를 뿌린다. 부정적인 자신을 긍정으로 바꾸고 싶은데 어떻게 하는지 그 방법을 모르겠다면 일단 '감사합니다'라는 말을 자주 해보자. 아무리 삶이 외롭고 버거워도 언제나 '감사합니다'라고 말하면 그 한마디에 살아가는 힘을 얻게 된다. 감사의 말에는 기분 좋은 울림이 있다. 지금 마음속으로 '감사합니다. 감사합니다. 감사합니다'라고 3번 생각해보면 에너지가 다름을 느낄 것이다. 이걸 매일 한다고 생각하면 어떻게 삶이 변할까?

필자가 이 글을 쓰고 있을 때 카페에 이런 글이 올라와서 감사가 전염된다는 것은 바로 이런 것이구나 하며 감사가 더 나왔다.
2017년 9월1일 K회원님의 감사 글이다.

> 마이클 싱어의 《될 일은 된다》 감사합니다. 책의 기능이 무엇인지, 어떻게 살아야 하는지 알게 해줘서 감사합니다. 소개해주신 엄작가님께 감사합니다. 앞서 경험하고 하나씩 알려주시니 감사합니다. 오랫동안 생각했던 것들에 대해 하나씩 알아가는 이 과정들이 참 좋고, 신기하기만 합니다. 감사합니다. 몰랐던 것들, 궁금한 것들을 깨달아가게끔 해주셔서 감사합니다. 참 좋습니다. 모든 것이 다 좋습니다. 감사합니다. 업무적인 측면에서 오늘 믿기지 않는 일이 일어났습니다. 처음 해보는 고등학교 수업계 담당일이 혼자 힘들었는데 작년에 담당하시는 분이 다시 출근하셔서 감사합니다. 새로이 출근하게 되기까지 여러 믿을 수 없는 상황이 전개되어 설마 했는데 오늘 출근하시고 그 전후 상황 이야기를 자세히 듣고서 내심 '이게 뭘까'하고 믿지 않으면서도 나를 둘러싼 환경이 운 좋음에 거듭 진심으로 감사드렸습니다. 이제는 아무 걱정 없습니다. 걱정이 다 사라져버렸습니다. 이 믿을 수 없는 신기한 상황에 감사합니다.

감사의 에너지는 읽은 사람이나 받는 사람이나 전부 행복하게 만든다. 100세에 투포환을 던지는 루스 프리스 할머니와 88세에도 마라톤을 뛰시는 페냐 크라운 할머니 같은 감사의 열정은 아니더라도 감사로 인해 그만큼의 열정이 퍼져나간데 대해 매우 기쁘다. 나이를 숫자에 불과하다고 생각하고 매 순간 감사한다는 청춘 할머니께 진심으로 감사를 전한다. 삶이 힘들고 지치더라도 반드시 주변에 감사할 점들이 많다. 그것을 먼저 퍼뜨려보는 건 어떨까?

지금 감사할 일들을 적어보자.

1 _____ 해서 감사합니다.

2 _____ 하니 감사합니다.

3 _____ 에도 불구하고 감사합니다.

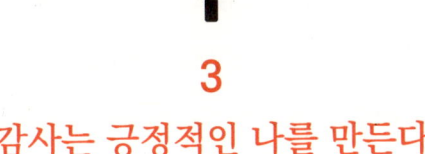

# 3
# 감사는 긍정적인 나를 만든다

**낙천적이고 긍정적이며 감사하는 마음을 가진 사람은
모든 일에 부정적이고 불만이 많은
사람들보다 삶에 만족도와 성취도가 높다.**

- 넬슨 & 칼리바 -

사람들은 나를 만나면 "긍정적이고 쾌활하시네요. 원래부터 그렇게 에너지가 넘치나봐요."라고 말한다. 그러면 곰곰이 생각해 본다. 내가 원래 태어날 때부터 긍정적이고 쾌활하였나? 아니면 우리 부모님께서 긍정적이셔서 내 유전자가 쾌활, 유쾌, 상쾌, 통쾌의 모드였나? 하지만, 단연코 처음부터 그렇게 내가 긍정적인 사람이었던 것은 아니다. 부모님도 가끔 남들을 비난하고, 부부싸움도 많이 하고, 결코 감사라는 말을 들어보고 산 적이 없다. 유전인자가 긍정도 아닐 테다. 그럼 내가 어떻게 긍정적으로 감사하게 되었을까?

첫째 아들을 출산하고 산후 우울증이 왔다. 세상에 처음 아기를 낳은 엄마의 심정은 그야말로 멘붕이었다. 직장 생활을 하던 여성이 집에서 하루 종일 우는 아이를 혼자 돌보고, 밤과 낮이 바뀌어 죽고 싶을 정도로 괴로웠다. 신문기사에 산후우울증 때문에 아이를 아파트 베란다로 떨어뜨린 산모들의 심정이 이해가 갔다.

아이를 베란다에 안고 마음이 울적해 그런 생각도 해 봤다. 하지만, 마음속 목소리가 "그래도 넌 친정엄마가 해 준 맛있는 음식을 먹은 적이 있잖아. 세상에는 즐겁고 좋은 일이 더 많을 거야. 맛있는 게 얼마나 많은데."라며 내가 스스로를 위로했다. 나에게도 긍정과 감사가 있었다니…….

둘째 아들이 5살 때 교통사고로 5톤 트럭에 깔려 하반신이 마비되었다. 그런 상황에서도 내면에서 들리는 목소리가 "어떤 상황에서도 감사하면 모든 게 다 괜찮아진다고 했어. 이 상황에서 나에게 좋은 일들만 주어질 것이야."라고 긍정하고 있었다. 그동안 긍정과 감사함이 자동으로 나오기 위해 수많은 책을 읽었다. 부정적인 나를 바꾸기 위해 심리상담도 받아보고, 심리 자격증 공부를 했다. 책을 읽을 때에는 몰랐는데 위기의 상황이 오니 감사와 긍정이 무의식에 새겨져 그냥 튀어 나오는 것을 보며, 감사와 긍정은 하루 아침에 되는 것이 아니라 훈련하면 된다고 생각했다. 그래서 그때부터 매일 긍정과 감사한 점들을 떠올리고, 병원에서 생활하면서도 모든 사람들에게 긍정과 웃음과 감사로 대했다. 그랬더니 아이의 상황이 많이 호전되는 것이 아닌가.

미국의 심층 뉴스 진행자로 유명한 데보라 노빌은 《감사의 힘》에서 감사하는 태도는 우리에게 선물을 가져다준다고 말한다. 우리는 물론 주변 사람들을 행복하게 해준다고 한다. "감사의 마음을 갖는 데는 돈이 들지 않는다. 하루에 단 몇 분이면 얻을 수 있다. 필요한 건 꾸준함과 열려있는 마음뿐이다. 사람과의 관계에서 깊이 생각하는 습관이 변화를 일으킨다"고 한다. 그래서일까 병원에서 지낼 때 소풍을 온 기분으로 병실 사람들을 즐겁게 해줬다. 평소에 감사일기를 하루도 빠지지 않고 365일 5개씩 쓰라고 한 마시 시모프의 책 《이유 없이 행복해라》가 우리 아들과 나를 살렸다. 긍정적인 나를 만든 것은 아이와 나의 관계를 깊이 생각하는 계기가 되었다. 바쁘다는 핑계로 아이와 눈을 맞추고 한 번 더 웃고, 손을 더 잡아주고, 더 안아주지 못했던 삶을 반성하게 되었고, 상체가 다치지 않아 손으로 휠체어를 밀 수 있고, 남아있는 기능으로 무엇이든 할 수 있다는 생각을 하게 한 힘도 감사를 평소에 훈련했기 때문이다. 절대 하루아침에 긍정과 감사의 마음이 길러진 것은 아니다.

마라톤 연습을 하려고 새벽에 미사리 조정 경기장에 갔다. 5시에 문을 여는데 아직 4시 45분이었다. 수위 아저씨가 아직 문 안 열었다고 못 들어온다고 했다. 그래도 나는 감사하고 긍정하는 힘에 대해서 알기에 "감사합니다"라고 큰 소리로 인사했다.
"고맙긴 무슨? 고마울 일이 뭐 있다고 허허!"
웃으시며 얼굴에는 환한 미소와 긍정 에너지가 퍼졌다. 수위 아저씨도 들어오지 못한다고 제지한 것이 미안하셨는지 밝은 웃음을 주셨다. 말을 하지 않아도 속마음은 행복함을 느낀다. '감사합니다'는 말은 듣는 사람도 그렇고 하는 사람도 부정적인 감정을 느낄 수 없다.
"감사합니다." 말하는 순간에는 우주의 온 진리가 그 말 하나에 다 스며든다. 주변을 강하게 긍정하는 파동과 기운이 감돌게 한다.

"감사합니다"라고 말하는 인사 한마디에 '긍정적인 감정으로 감사하는 사람의 시야를 넓히고, 항구적 정신적 자원인 심리학적, 사회적, 영적 자원을 증대시키기 때문에 큰 행복감을 느끼게 한다.'는 프레드릭슨 교수의 말에는 모든 것이 함축되어 있다. 영구

적으로 행복을 증대시키고, 사회적으로 관계를 더 좋게 만들며, 무엇보다 감사의 말을 내뱉은 내가 더 행복해진다.

이런 자동적인 감사함의 마음이 나오기 위해서는 하루아침에 훈련되는 것이 아니라 꾸준히 지속적으로 감사함을 생활 속에서 연습해야 한다. 매일 감사할 점들을 메모하고 적어 본다든지 사소한 일상의 환경 속에서 감동거리를 찾으려고 노력한다든지 꾸준한 행동이 지속되지 않으면 긍정적인 내가 될 수 없다. 감사는 감사하는 사람에게만 오기 때문이다.

끊임없이 책을 읽고, 모든 것에 감사하려고 노력하고, 그 감사를 실생활에 적용시키는 훈련이 나를 긍정하게 된 원인이다. 지금 힘들고 괴로운가? 감사하는 힘에는 마력이 있다. 지금부터라도 불평불만 대신 행복해지기 위해서 꾸준히 매일 감사메모를 해보는 것은 어떨까?

> **지금 나에게 감동할만한 점에 대해 감사해보자.**
>
> 1 내가 _____ 해서 감사하다.
> 2 나의 _____ 점에 감사하다.
> 3 _____ 여서 감사하다.

# 4
# 미치도록 감사하고, 느끼고, 감사노트를 쓴다

**감사할 일은 언제나 있다.**

- 찰스 J.H 디킨스 -

들이대(DID)마스터 송수용 대표가 토요일 아침 7시 강의에서 자기 소개를 하라고 했다. 나는 일어나서 "매일 새벽 3시에 일어나 명상, 시각화, 확언, 감사메모 하기, 글쓰기, 운동, 독서 등을 하는 한국 미라클모닝 카페 매니저입니다."라고 소개했다.

"매일 새벽3시에 일어나는 것은 미친 짓이에요."

송대표가 웃으면서 말했다.

"하지만, 세상은 이렇게 미친 사람들이 이끌어가는 거예요."

칭찬인 것 같아 감사한 마음이 들었다. 사람들이 나를 신기한 사람으로 보는 것 같았다. 즐거운 순간들을 가슴 속에 메모해 놓았다가 저녁 감사노트에 썼다.

감사하기로 마음먹은 순간부터 세상에 당연하다고 받아들였던 것들을 새로운 시각으로 보기 시작했다. 미친 짓이라는 단어를 들으면 자칫 부정적인 말로 오해할 수 있으나, 감사의 시각으로 보면 그 말은 앞으로 세상을 이끌어갈 리더가 될 것이라는 뜻으로 받아들였다. 나에 대한 기대심리가 피그말리온 효과가 되어 그렇게 되리라는 강한 확신을 품고 왔다. 세상을 살면서 만나는 모든 인연들이 배울 점을 주어 감사하다. 이런 점들을 감사노트에 메모했다.

어떤 것에 미친다는 것은, 예를 들어 오프라 윈프리처럼 하루도 빠지지 않고, 10년 동안 일기에 감사할 점을 5개씩 적을 수 있는 걸 말한다. 1년 365일 5개씩 감사를 10년 했다면 18,250번 감사가 마음에 새겨진다. 감사의 감정이 나올 수밖에 없다. 이렇게 매일 지속할 수 있는 사람들이 세상을 리드하고 깊은 감사를 '음미'할 수 있다. 보통사람과 미친 사람의 큰 차이점이 지속성이다. 감사를 깊이 느끼려면 일회성이 아니라 지속할 수 있어야 한다. 그래서 감사노트와 마음이 필요하다.

감사일기를 미치도록 몰입해서 쓰면, 오프라 윈프리처럼 성공한다는 말은 아니겠지만, 그녀가 가진 부와 행복과 사회적 명성은 반드시 얻을 수 있을 거란 말을 하고 싶다. 성공하기 위해서는 이미 성공한 사람들의 모든 습관을 따라 해보란 말이 괜히 나온 것이 아니다. 그들처럼 하다보면 생각과 행동과 감정이 바뀌게 된다. 왜 수많은 성공한 사람들이나 행복한 사람들 중 많은 사람들이 책을 읽고 실천을 했겠는가?

오프라 윈프리와 그 외 감사일기를 꾸준히 10년 20년 써 온 사람들은 행복도가 남다르다. 물론 오프라 윈프리도 인종차별을 심하게 겪었고, 마야 엔젤루처럼 성폭력을 당했으며 사생아를 낳았다. 그 사실을 친척이 폭로했을 때 오프라 윈프리도 집에 들어가 커튼을 닫고 컴컴한 거실에서 한없이 좌절하고 울기도 했다. 하지만 거기서 넘어지지 않았다. 그럼에도 불구하고 감사한 점을 더 많이 봤다. 오프라 윈프리의 수많은 성공 요인 중에 감사일기 덕분이다. 이 세상에 나와 진실 되게 이야기를 했기에, 사람들이 오프라 윈프리를 더 사랑하고 응원했다.

우리는 성공을 1부터 10까지의 범위로 볼 때 1과 2의 정도를 원하지 않는다. 10의 성공을 다들 바라고 산다. 적어도 이 책을 집어든 독자들은 의지가 다른 사람들보다 한 단계 높다고 생각한다.

성공은 크게 물질적으로 이루는 것도 있지만, 가장 먼저 자신이 행복해지는 것을 뜻한다. 어떤 일을 해서 그걸 본인이 원하는 대로 이루었을 때의 만족감은 말로 표현하지 못할 정도로 좋다. 오프라 윈프리처럼 감사일기를 꾸준히 쓰면 성공의 10까지는 아니더라도 7과 8에는 닿아 있을 것이다.

긍정심리학자들은 긍정성을 확장하는 방법으로 '음미하기'를 사람들에게 권한다. 삶의 모든 순간들에 대해 감동하고 감사하는 사람들이 그렇지 않은 사람들보나 행복도와 긍정석 정서가 높다. 가장 행복한 순간들을 경험이나 기념품, 사진, 글 등으로 깊이 음미하는 것이 좋다. 지속적으로 행복하기 위해서는 감사노트를 가까이에 두고 감동과 감사의 순간들을 메모해 놓으면 행복 만족도를 높일 수 있다. 일회성으로 끝나면 미치지 못하고, 음미하는 순간이 짧다.

**감사와 긍정 정서는 역경을 극복하는 회복력(resilience)의 자양분이자 전제조건이다.** 긍정적인 기억으로 음미하는 순간, 사람들은 역경의 상황을 먼저 감지하고 역경이 사라지는 순간들도 더 빨리 인식한다. 왜냐하면 역경에 대해 감사하고, 그 사건에서 교훈을 찾아 긍정하면 에너지가 바뀐다. 행복하고자 하는 사람들과 지금의 상황에 만족하지 못하는 사람들에게 감사를 꾸준히 느낄 수 있는 가장 좋은 도구가 감사노트다.

'나는 생각한다. 고로 존재한다.'라고 데카르트가 말한 것처럼 감사노트에다 이렇게 바꾸어 보았다.

'나는 감사한다. 고로 존재한다.' 세상에 아무것도 없이 태어나 옷을 건졌고, 부모님의 보호 아래 잘 성장하였으며 세상의 모든 아름다움을 볼 수 있는 눈이 있다면 더 이상 뭘 바랄 게 있나 싶다. 이렇게 삶에 대해 즐겁고, 행복하고 감사한 점들을 노트에 나열해 보면 불평할 게 많이 사라진다. 가진 것이 많은데 뭘 더 바라겠는가? 하지만 뭔가를 더 배워 지금보다 더 나은 내가 되고자 하는 것도 인간의 욕망이니, 그것도 좋다.

사람들이 불행한 이유가 대부분 현재를 살고 있지 않기 때문이다. 생각이 과거나 미래에 가 있어 언제나 괴롭다. 지두 크리슈나무르티는 《1분 명상》에서 '지금 아니면 영원히 없는 것'이라고 생각한다고 했다. 지금 평화롭지 못하면 내일도 평화롭지 못하고 앞으로도 평화롭지 못하다는 것이다. 즉, 행복하려면 지금 행복해야지 미래로 미루면 행복할 수 없다. 만족의 공을 미래로 던지지 말고 긴장 없는 현재에만 존재할 때에 평화를 느낄 수 있다.

"당신이 진정으로 현재에 존재한다면 지금과 달라지기를 바라는 생각 따위를 품지 않는다." 부정적인 불평과 불만 없이 만족하고 지금으로 돌아오게 하는 힘이 감사다. 지금과 달라지길 바라는 마음이 고통을 일으킨다. 그러므로 행복하려면 지금 평화로움을 느끼면 된다. 미래를 위해 자꾸 현재를 포기하면 결코 올 수 없는 시간을 붙잡게 되어 매사에 불평이 생긴다.

진정으로 평화로워질 수 있는 유일한 길은 지금 일어나는 일에 감사하며 지금에 사는 것이다. 평화롭지 못할 때조차 감사에 집중하면 모든 문제가 사라진다. 아들이 교통사고로 병원에 입원해서 MRI 검사를 받았다. 신경외과 의사가 조용히 엄마인 나를 불렀다.

"이 아이는 앞으로 수명이 20~30%가 줄어들 것입니다. 하반신이 마비되어 걷지도 못하고 평생 휠체어에 의지하며 살아야 할 것입니다. 국립재활원이나 이런 곳에 가서 재활을 해야 할 것입니다."

보통 엄마들은 이런 말을 들으면 쓰러진다고 한다. 나는 감사와 긍정을 미치도록 공부를 하고 마음을 다스리는 방법들을 책에서 배웠기 때문에 그 순간 의사의 말을 믿지 않고, 긍정하고 감사했다.

"있는 그대로 받아들여야 합니다. 그런 말씀을 해 주셔서 감사합니다."

생각이 고통을 일으키는 것이지, 그 상황은 지금이라는 시간에서는 아무것도 일어나지 않았기에 미래를 모르는 것이다. 현재 아이는 다쳤고, 아무도 미래에 아이가 어떻게 될지 모르는 상황에서 의사가 하는 말을 믿어버리면 현실이 굉장히 괴롭다. 하지만 감사와 긍정을 하면 그 상황에서 긍정 씨앗을 뿌릴 수 있다. 감사노트를 썼기 때문인가? 감사를 깊이 느끼고 매 순간을 긍정하는 습관 덕분에 우리 가족은 사고가 나기 이전보다 더 감사하게 되었다. 불평이 아니라 현재 가지고 있는 능력으로 할 수 있는 일이 더 많다. 부족함에 생각의 초점을 맞추면 온 세상이 다 부족함으로 보인다. 하지만 감사에 미치고, 어떤 상황이든 긍정의 감정을 느끼면 세상의 모든 문제들이 그리 심각하지 않다. 그래서 감사노트를 지속적으로 쓴다.

이 글을 읽는 독자들도 삶에 지치고 힘든가? 생각이 너무 미래에 먼저 가서 괴로운가? 아니면 과거에 해 놓은 일 때문에 후회가 많은가? 모든 생각을 현재에 맞추고 '어떤 일이 있더라도 감사하자'라고 마음을 먹어보자. 당연히 여기는 것을 감사와 긍정으로 느껴, 감사를 메모한다. 노트에 감사한 점을 쓰는 훈련을 지속한다면 어떠한 어려움도 잘 이겨낼 것이다.

지금 현재 감사한 점을 3가지 써보자.

1 _____한 점을 알게 되어 감사합니다.

2 앞으로 _____할 것이라서 감사합니다.

3 _____를 몰랐는데 알아서 감사합니다.

# 5
# 미래의 감사일기를 쓰면 꿈이 이루어진다

**인생을 위대하게 하고, 행복하게 하고,
원하는 대로 이루어지게 해주는 비밀이 감사에 있다.**

**- 론다 번 -**

한때 《시크릿》이 아주 인기 있었다. 그것과 비슷한 종류의 《꿈꾸는 다락방》이란 책도 잘 팔렸다. 하지만 어느 순간 시크릿 열풍이 식었다. 어떤 사람은 시크릿을 해서 꿈을 이루고, 어떤 사람은 그런 것은 허무맹랑한 소리라면서 거들떠보지도 않는다. 당신은 어느 쪽에 속하는가? 시크릿은 미래에 내가 바라는 꿈을 간절히 상상하면 이루어진다는 뜻이다. 그래서 "비전 보드 만들어 봐라. 바라는 꿈을 종이에다 써보고 자주 들여다봐라."라며 수많은 사람들을 꿈에 부풀리게 하고, 시크릿만 하면 다 이루어질 것 같은 기분이 들게 했다.

하지만 사람들이 쉽게 간과하는 것이 있다. "원하는 것을 반드시 이루고 싶은가? 그렇다면 모든 것을 바쳐서 꿈에 헌신할 준비가 되어 있는가? 매일 원하는 것을 바라보면서 상상할 준비가 되어 있는가? 꿈의 목표를 이룰 행동을 열정적으로 할 수 있는가?"라는 질문에 반드시 "예"라고 대답해야만 이루어진다. 반면, "꿈이 나의 삶의 가치관과 부합한가? 예를 들면 나는 가족과 시간을 많이 보내고 행복하고 평화로운 삶을 원하는데 밤낮으로 야근만 하고 있는 건 아닌가?" 여기에 대답을 "예"라고 한다면 절대 이루어지지 않는다. 야근은 가족과의 시간을 보내는 것과 상충하고 가치가 충돌하기 때문에 진짜 바라는 것은 이루어지지 않는다. 돈만 쫓다보면 가족을 소홀히 할 수 있기 때문이다.

대부분의 시크릿 류의 책을 읽은 독자들은 "나는 꿈을 위해 쉽고 편안한 길을 가겠어. 어디 하늘에서 행운이 떨어졌으면 좋겠어. 로또에 당첨되었으면 좋겠어. 생각은 해 보겠는데 실천하기 싫어. 다이어트는 무슨, 당장 눈앞에 커피, 술, 기름진 음식이 가득한데 먹고, 내일부터 하지 뭐."라는 생각을 무의식중에 한다. **반면 시크릿에 성공한 사람들은 모든 에너지를 꿈에 쏟고 감사하며 '꿈의 가**

==**치관이 나를 행복해주는 것인가**'를 질문한다. **하루도 빠짐없이 매일 그 꿈이 이루어졌을 때의 행복한 기분을 상상하고, 그 꿈을 위한 행동을 한다.**==

예를 들어 고(故)정주영 회장은 "긍정적으로 사고하고 향상된 미래를 매일 꿈꿔라. 나는 새벽 3~4시에 일어나 여러 가지 크고 작은 상상을 즐기고 조간신문을 본 뒤 새벽 목욕을 했다. 미래를 매일 긍정적으로 상상하고 공상을 즐기며 감사했다고 한다. 삶이 너무 설레어서 아침에 일어나는 것이 아주 좋았다."라며 적극 행동했다. 젊은 시절부터 이렇게 살았던 사람의 성공의 크기를 많은 사람들이 존경하고 부러워하고 그런 정도의 꿈을 이루고자 한다. 하지만, 그가 한 것처럼 매일 상상하고 시각화하고 행동할 수 있는가?

그래서 제안하고자 하는 것이 미래의 감사일기다. 원하고 바라는 것이 이미 이루어진 듯 미래 시점에다 이미 그 꿈이 이루어졌다고 가정하고 감사하다는 일기를 구체적으로 적는다. 그리고 그것을 자주 보는 냉장고, 컴퓨터, 침대 옆, 방문, 부엌에다 메모를 해둔다. 반드시 '꿈이 이루어져서 감사합니다.'라는 말을 넣어야 한다. 꿈 감사일기를 매일 본다. 만약 매일 보게 되지 않는 꿈은 지우고 다른 걸 써 놓아야 한다. 꼭 종이가 아니더라도 SNS상에 자신의 꿈을 사람들과 공유하는 것도 긍정 압력을 내는데 좋다. 꿈을 자주 보고, 그것을 강하게 느끼고, 감사할 때 뇌신경이 활성화된다. 인디언들의 기우제는 반드시 100% 이루어진다. 왜냐하면 비가 내릴 때까지 기우제를 지내기 때문이다. 나도 미래 감사일기를 수시로 적고 들여다본다. 그중 많은 것들이 이루어진다. 미래의 시점으로 가서 이미 이루어진데 대해 감사하기 때문에 지금 이 순간에 이루어지는 것이 많다. 뇌는 현실과 상상을 구분 못한다. 그래서 이루어질 때까지 감사한 마음으로 들여다보면 꿈이 이루어질 것이다. 중요한 건 지속이다.

**뇌과학 연구자들은 감사한 마음을 가지고 그것을 어떤 식으로 표현하는 사람들은 그렇지 않은 사람들보다 무려 백만 배의 힘을 더 발휘할 수 있다고 한다.** 아인슈타인 같은 위대한 과학자도 사소한 것에도 감사했다. 실험실의 비커에게도 감사하고, 동네 강아지가 짖어서 잠을 깨워도, 깨워줘서 감사하다고 강아지한테 말하는 특이한 과학자다. 하지만, 감사가 그의 성공과 연구의 성과를 내게 한 비결이라고 말한다면 당신은 믿을 것인가?

하루에도 100번 이상 남들이 해 놓은 성과에 대해 감사하는 아인슈타인의 습관을 우리는 기억해야 할 것이다. 감사는 수많은 역경에서 크게 도약할 수 있는 회복력도 준다.

조혜련은 《쓰는 순간 인생이 바뀌는 조혜련의 미래일기》에서 유독 감사라는 단어를 많이 언급한다. 그가 바쁜 방송활동을 하면서도 틈틈이 책을 읽으며 찾아낸 책들의 공통점은 '구체적으로 상상하면 꿈이 현실로 이루어진다는 것이다. 가슴 뛰는 상상을 종이에 쓰면 현실에 나타난다. 감사하는 마음을 가지면 이루어진다. 긍정적인 사고는 기적을 만든다. 불평불만을 하지 마라. 두려움을 없애고 용기를 가져라.' 등이다. 그리고 미래의 이루고 싶은 일기를 구체적으로 적었다. 그가 어떤 사생활을 가졌느냐에 대해서는 논의할 생각이 없다. 하지만 꿈이 이뤄지는 공식은 아주 잘 알고 있었다.

미래 감사일기 쓰는 방법은

1. 구체적으로 명확하게 목표를 설정해라.
2. 영화 대본처럼 재미있게 써본다.
3. 나의 생이 마지막 날이라면 어떤 삶을 살고 있을까를 상상하며 써본다.
4. 과거형으로 '이미 이루어져서 감사합니다'로 쓰자.
5. 가까운 미래 예를 들어 3일 후에 이루어질 것을 쓴다.
6. 그 꿈을 이루고 싶은 이유 적기
7. 자주 쓰고 자주 보고 자주 읽기
8. 그것이 이미 이루어졌다고 믿고 실천하기

《3개의 소원 100일의 기적》에서 나온 미래일기 쓰는 방법이다.

1. 필기도구와 노트를 준비한다. 작은 사이즈가 좋다. 들고 다니면서 볼 수 있다.

2. 세 가지 소원을 정한다.

3. 크게 숨을 들이마시면서 잠시 참는다. 그 사이 첫 번째 소원을 세 번 쓴다.

4. 다시 크게 숨을 들이마시면서 잠시 참는다. 그 사이 두 번째 소원을 세 번 쓴다.

5. 다시 크게 숨을 들이마시면서 잠시 참는다. 그 사이 세 번째 소원을 세 번 쓴다.

6. 마지막으로 편안히 호흡하면서 '감사합니다'라고 세 번 쓴다.

이렇게 100일 동안 쓰는 것만으로도 소원이 무의식에 각인된다. 내가 소원을 쓰는 방법 중에 100번씩 100일 쓰기도 있는데 이 또한 좋은 방법이다. '~가 이루어져서 감사합니다'라고 100일간 100번 쓰면 쓴 내용이 다 이루어진다. 왜냐하면 100일을 해낼 수 있는 정도의 열정적인 목표라면 이루어지지 않을 수 없다.

3개의 소원을 3번씩 100일 쓰는 것도 봤고, 100번씩 100일 쓰기 목표 한 가지 쓰기도 매일 하는데 개인적으로 100번씩 100일 쓰는 게 더 잘 이루어지는 듯하다.

성공한 재미사업가 김승호 회장의 《생각의 비밀》에서 목표가 자신이 원하는 것인지 아닌지를 아는 방법은 100일 동안 하루도 빠지지 않고 그 목표를 한 줄로 요약해서 써 보면 안다고 온 마음을 다해 말한다. 100일 동안 쓰거나 그 목표를 매일 되뇌는 것은 쉽지 않다. 하지만, 그것을 해낸다면 내가 원하는 목표가 맞으니 이루어질 수밖에 없다.

소원이나 목표는 미래에 바라는 것이다. 사람으로 태어난 이상 꿈과 이상과 소원이 계속 들이올 수밖에 없다. 목표를 성취하는 과정에서 행복을 느끼는 것을 많은 사람들이 원하는데 방법을 잘 모른다. 중요한 건 매일 쓰고, 매일 지속하는 것에 있다. 미래일기가 좋다고 감사하는 마음으로 매일 쓰라고 했는데 이 글을 읽는 독자들 중에서 실천하는 분들도 있고 그렇지 않은 분들도 있을 것이다. 하지만, 나의 경험으로 봐서는 실천하는 사람들이 미래 감사일기에 적은 내용을 이룰 가능성이 훨씬 더 많다.

지금 이 순간 '바라는 소원이 이뤄져서 감사합니다'라고 적어보자.

1 _____ 가 이루어져서 감사합니다.

2 _____ 가 이뤄져서 행복하고 감사합니다.

3 _____ 는 생각도 못했는데 이뤄졌습니다. 감사합니다.

# 6
# 감사메모를 함께 쓰자

**감사는 우리를 행복하게 만들 수 있는**

**가장 간단한 방법이다.**

- 오스카 와일드 -

욜로족 패션에 대한 신문기사를 아침에 읽었다. 전혀 남의 눈치를 보지 않을 것 같은, 개성 있는 옷을 입는 사람들의 패션이다. 남에게 보이기 위해서가 아니라 자신의 자유를 위해서 옷을 입는 것이 멋있어 보였다.

'욜로(You Only Live Once)'는 '당신은 단 한번만 산다'는 뜻인데, 니코츠 카잔차키스의 조르바를 닮았다.

신기하게도 그날 오후에 욜로족 패션을 한, 마치 〈악마는 프라다를 입는다〉의 메릴 스트립 같은 분을 만났다. 그녀는 캐세이퍼시픽 항공사 승무원이었다. 홍콩과 전 세계에서 열리는 자기계발 강의를 27년 동안 들었다고 한다. 그녀는 욜로 패션을 하고 왔다.

50대이지만 귀에는 아주 큰 링의 귀걸이를 두 개씩 양쪽 귀에 하고, 몸 전체를 검은색 의상으로 멋지고 세련되게 차려입었다. 립스틱도 빨간색으로 짙게 바르고, 손에는 흔히 볼 수 없는 귀금속, 반지 큰 거 두 개를 끼고 있었다. 몸은 단단한 근육질의 여성이었다. 아주 자신감이 넘치고 당당해 보였다.

그녀의 자유가 좋았다. 세계 어디에서나 열리는 자기계발 모임에 갈 수 있는 그 자유가 좋았다. 그녀와 감사라는 주제로 대화했다.


"요즘 한국 사회에 욜로 현상이 심각해진 것 같아요."

오랫동안 외국 생활을 하다가 한국에 와 보니, 나홀로족이 많아져서 심각한 사회문제를 일으킨데 대해 문제를 제기했다.

칼 구스타브 융이 이럴 때 쓰라고 '동시성(synchronicity)을 발견한 듯했다. 이런 저런 대화를 나누다가 과연 진정한 자유와 감사란 무엇인가에 대해 생각했다. 조르바가 자유에 대해 잘 알려줬다.


조르바의 자유롭게 자신답게 살 수 있는 자신감과 용기를 가지고 싶었다. 자유롭게 혼자 떠날 수 있다는 건 용기가 필요하다. 니코츠 카잔차키스의 《그리스인 조르바》에서 조르바는 "나한테 강요하면 그땐 끝장이요. 마음이 내켜야 해요. 사람이라고 하는 것은 모름지기 '자유'요."

사람들은 자유와 행복을 추구한다. 생의 모든 활동이 행복이라는 목적지를 위해 가는 과정이다.

나는 욜로를 긍정적으로 보고 자유 시간을 확보하기 위해 새벽마다 일찍 일어나서 명상, 확언, 시각화, 독서, 글쓰기(감사일기), 운동을 하고 카페 회원들과 공유한다. 그 중에서 감사를 쓰는데 시간을 많이 투자한다.

내가 적은 감사메모를 보고 카페 회원님들도 같이 따라 적으면서 많은 긍정적인 변화들이 생겼다. 가족이 행복하게 바뀌고, 불평하는 마음에서 감사하는 마음으로 순간 전환하게 된다는 감사의 글을 매일 접할 때 행복하다.

감사일기도 완전히 고립되어 홀로 쓰는 것보다 사람들과 함께 할 때 더 행복해지는 걸 느낀다. 자기 결정권이란 내가 하고 싶은 것을 마음껏 확보할 수 있는 권리다. 남의 눈치를 보지 않고, 용기 있게 내가 하고 싶은 것들을 마음껏 한다. 감사습관을 실천하기 전에는 자기결정권이 많이 확보되지 않았다. 이제는 감사를 실천하면서 가장 먼저 나를 돌보게 되었다. 나에게 감사하면 타인의 자유도 존중하게 된다.

**영어 단어의 'Thank you'의 'Thank' 어원이 'Think(생각하다)'고 항상 감사는 상대방이 있기 때문에 존재한다. 내가 있기에 사회가 있고, 국가가 있고, 세계가 벌어진 것이다. 같이 더불어 사는 사회에서 감사도 혼자보다 여럿이 하는 것이 좋다.**

내가 쓴 감사메모를 카페의 회원들이 보고, 가족과 같이 공유하고, 같이 쓰게 한다. 사회 속에서 관계 맺는 좋은 도구가 '감사'다. 욜로가 홀로인 것 같지만, 사회 속에서의 내가 동행되어야지만 가치가 있다. 왜냐하면 이 사회의 모든 것들은 나 이외의 다른 사람들이 같이 돌아가면서 만들고, 도와주고, 창조한 것들이기 때문이다. 타인에게 감사하는 메모들을 매일 남겨야 한다고 생각한다. 그래야 극단적인 욜로인, 나홀로족과 은둔형 외톨이라는 사회 문제를 해결할 수 있다.

일본에선 '히키코모리'가 50만명이 넘는다. 심각한 사회문제다. 그래서 나는 혼자서 감사하지 않는다. 가족과 함께 카페의 회원들과 여럿이 함께한다.

감사메모를 함께 하여 사람들이 감동하면 행복 호르몬 엔도르핀의 4000배인 다이돌핀이 나온다. 행복이 배가 되는 것이다. 매일 아침마다 힘과 에너지를 듬뿍 받아 욜로적인 요소와 여행의 동행의 요소가 가미되어 그 에너지를 주변 사람들에게 매일 전해준다. 삶이 더 활기차고 힘 있고, 긍정적이 되어가고 있다.

나는 욜로를 너무 나쁘게 볼 것이 아니라 사회 속에서 함께 살아가며 감사하는 것으로 온 국민들이 시간을 투자할 때 우리 사회가 더 밝아지고 긍정적이 되리라 예상한다.

> 지금 이 순간의 자유에 대해 감사할 점을 써보자.
>
> 1 _____한 자유가 주어져서 감사합니다.
>
> 2 _____해서 감사합니다.
>
> 3 _____를 할 수 있어서 감사합니다.

# 7
# 이미 지나간 과거도 감사하자

**감사는 과거에 대한 이해와 현재의 평화, 미래의 희망을 준다.**

- 메롤디 비티 -

시대가 급변하고 있다. 인공지능(AI), 알파고, 4차 산업혁명, 빅데이터 등 1차, 2차, 3차 산업혁명과는 완전히 다른 세상이 펼쳐지고 있다. 당신은 이 변화를 느끼는가? 앞으로 올 4차 혁명에 대비해 어떤 노력을 하고 있는가? 혹시 노동력만으로 살 수 있었던 과거만 생각하고 있는가 아니면 다가오는 미래 사회의 융합, 통합을 준비하고 있는가?

미래란 과거와 현재의 점들이 이어져서 만들어졌다. 과거가 없으면 현재의 내 모습이 없고, 현재가 없다면 미래가 없다. 미래고, 현재고, 전부 과거에서 이어진 연속 점에 불과하다. 앞으로 이렇게 서로 이어져서 융합하고 통합하는 인간의 가치가 중요시 되는 시대가 올 것이다. 더 이상 혼자서는 살 수 없다. 과거에서 도움을 받아야 미래로 더 잘 나아가는 시대가 올 것이다.

인간의 가치란 무엇인가? 감사, 안전, 행복, 정직, 성실 등 컴퓨터와 로봇이 대처할 수 없는 긍정적인 행복의 감정이 아닐까? 무기력, 배신, 비난, 오해, 외로움도 감정일 수 있으나 그것을 사람들이 좋아하진 않는다. 가치는 모든 사람들이 행복하게 느끼는 것이어야 한다. 현재는 과거에서 이어졌기에 이미 일어난 일에도 감사하고 행복해 할 줄 알면 운명이 바뀐다.

어린 시절 피아노를 형편이 안 되어 배우지 못한 것에 대해서 부모를 원망하거나 가난을 탓했었다. 하지만, 부모님께서 가난하셨기에 그때 배우지 못한 음악을 40대에 아이들이 다니는 음악학원에 가서 배울 수 있었다. 바이올린은 들고 다니면서 연습할 수 있기에 피아노 대신 바이올린을 배우는데 악보도 못보고, 박자도 잘 모른다. 음악을 배워본 적이 없기 때문에 어린이들보다 배우는데 시간이 더디기도 하다. 때로는 어렵기도 하고 음표를 배우는 것이 쉽지 않아서 포기하고 싶을 때마다 바이올린 레슨 선생님은 이렇게 말씀하신다.

"어머님, 지금 힘들다고 여기서 포기하시면 바이올린을 잘 켤 수 있을 때의 재미와 말로 못하는 희열을 놓치실 겁니다."

"아, 그러네요. 제가 여기서 그만 두어버리면, 더 이상의 발전은 없고, 미래의 바이올린 잘 켜고, 악보 볼 수 있고, 박자도 자유자재로 맞출 수 있는 결과는 없겠네요."

"힘들다고 포기하고 아무것도 하지 않으시면, 거기서 모든 것이 멈춥니다. 미래의 행복을 위해 지금 힘들더라도 이걸 이겨내셔야 합니다. 어릴 시절에 배우지 못한 피아노가 오히려 지금 더 감사함을 가져다 줄 것입니다."

바이올린 선생님의 가르침 덕분에 어떤 어려움이 와도 포기하지 않는 법을 배웠다.

일본의 100만부 베스트셀러 작가 혼다 켄은 《운을 부르는 49가지 말》에서 운명이 크게 좋아지는 말을 다음과 같이 꼽고 있다.

1. 감사할 줄 아는 사람에게는 운이 찾아온다.
2. 운이 좋은 사람은 감사 답변이 빠르다.

3. 감사는 슬픈 과거를 운이 좋은 과거로 바꾼다.

4. 자신에게 감사를 많이 하는 사람일수록 성공한다.

5. 신성한 장소에서 감사명상을 한다.

　최근에 한 출판사 대표가 감사경영을 하고 있는 아주 유명한 분의 강의를 들어보라 했다. 강연자는 한 달에 기업체 강연을 하면서 4천만 원을 번다고 한다. 감사경영은 놀라보게 사람들을 풍요롭게 한다. 순간 다른 기업과 다르게 감사경영이라는 말에 그만큼의 성공이 가능할 수도 있단 생각을 해 봤다. 기업이 존재하기 위해서 과거의 모든 것들에 대해 감사하는 경영, 만약 우리나라의 기업이 모두 감사경영을 한다면 사회는 어떻게 바뀔까? 회사를 경영하기 위해서는 수많은 도움이 있었을 것이다. 그 모든 과거에 대해 감사하는 회사는 잘 될 수밖에 없다. 함께 행복하기 위해서는 융합하고 통합하고 동행해야한다.

　혹시 지금 마이클 잭슨의 문 워크 춤처럼, 내 모든 것이 미래를 향해 가고 있는데 자꾸 몸과 의식이 뒤로 쏠리지 않는가? 그래서 내가 과거에 좀 더 부모 잘 만났더라면, 더 공부를 많이 했더라면, 환경이 더 좋았더라면 하고 후회하고 있는가? 우리는 과거 덕분에 지금 잘 살 수 있는 것이다. 불평이나 불만은 미래로 향하는데 아무런 도움이 안 된다. 오히려 과거도 지금의 내가 있기 위해 전부 필요해서 있다고 생각하고, 지금 감사하면 변화하는 미래의 결과는 달라질 것이다.

토마토의 씨앗을 뿌렸는데 싹이 조금 났다고 '이거 뭐야 토마토가 안 나왔어'라고 싹을 뽑아 버리는 사람은 없을 것이다. 토마토가 자라기 위해서는 시간과 정성이 필요하다. 마찬가지로 감사일기를 썼기니 메모를 하고, 말을 하는데 왜 효과가 없냐며 바로 그만 두지 말자. 싹이 나서 열매를 맺을 때까지 정성스럽게 주변 사람들과 햇빛, 물, 바람 공기와 융합하여 동행하며 지속해보자. 반드시 당신의 운은 크게 상승할 것이다.

**지금 운이 좋아지는 과거를 감사해보자.**

**1** 나는 비록 과거에 _____했지만 그럼에도 불구하고 감사합니다.

**2** 나는 _____ 라는 과거 기억이 있지만 그것이 나를 이만큼 성장시켜 감사합니다.

**3** 나는 _____과거 모든 것에 대해 감사하겠습니다.

# 8
# 비타민 3알, 보약 3첩

감사는 의학적으로

우리 심장이나 몸, 정서에 좋은 반응을 일으킨다.

- 넬슨 지니 -

"어르신, 연세가 어떻게 되세요?"

"일흔셋이야."

"와, 근육이 20대 청년들보다 많으세요."

"평생 별로 아파본 적이 없어. 독감주사 한번 안 맞았거든. 이 운동은 보약 3첩 먹는 것보다 더 좋고, 비타민 3알 먹는 것보다 더 좋아. 20년 동안 은퇴하고 매일같이 사람들과 같이 어울려 운동했어. 나이는 숫자에 불과해. 전보다 더 건강해져서 감사해."

"어르신께 배드민턴 배울 수 있어 영광입니다. 감사합니다."

나는 매일 아침 산에 오른다. 산 속 깊이 배드민턴 코드가 있다. 지나가면서 보기만 했던 어르신의 활기에 감탄해서 말을 걸었다. 젊은 분들을 개인지도 해주신다길래 나도 그분께 배드민턴을 배우고 싶었다. 거의 무료로 가르쳐준다고 해서, 매일 아침 10분씩이라도 배워보기로 했다.

나이는 숫자에 불과하다는 말에 동의한나. 유엔에서 나이를 재정의하길, 이제는 70대까지도 청년이라했다. 100세 시대이기 때문에 80세가 되어야 노인이라고 칭한다.

운동을 꾸준히 하면 위의 어르신처럼 근육이 생겨 건강해진다. 마음과 정신의 근육 키우기는 감사다. 운동도 꾸준히 해야 근육이 생기는 것처럼, 감사도 꾸준히 해야 감사 근육이 생겨 마음이 행복해진다. 꾸준히 지속할 수 있는 힘은 혼자보다는 어르신처럼 여럿이 같이 어울려 함께 하고, 사람과 사람이 만나야 한다.

감사도 혼자 하는 것보다 여럿이 하면 더 좋다. 사람들과 같이 나누고 공유하면 비타민을 챙겨 먹는 것보다, 보약을 3첩 지어 먹는 것보다 더 건강하고 행복해진다.

건강함을 마음껏 누릴 수 있는 사람이 부자다. 아무리 부자라도 건강을 잃으면 모든 것을 잃게 된다.

**"감사하는 마음은 운동처럼, 백신이며, 항암제이며, 항독제이자 항균제이다."**

존 헨리 조엣 작가가 말했다. '감사'라는 단어에 집중하며 매일 감사메모를 하고, 감사일기를 쓰고, 어떤 일이 있어도 "고맙습니다. 감사합니다"라는 말을 사용하기로 결심한 순간, 몸이 더 활력 있고, 건강해졌다. 건강은 당연하다고 생각하며 불평하는 사람들에게는 찾아가지 않는다. 항상 어떤 일에도 감사하고 즐겁고, 행복한 사람들에게 찾아간다.

건강은 삶의 축복이고 선물이다. 건강을 잃으면 모든 것을 잃는다. 그러므로 지금 건강할 때 건강한 신체에 감사해야 한다. 건강이 생활습관과 관계있지만, 가장 좋은 건강 유지법은 감사하기다. 감사하는 마음이 몸의 스트레스와 긴장을 사라지게 만든다.

《원하는 대로 산다》의 저자 혼다 켄은 책을 베스트셀러로 만들어준 제지 회사 사장님이 자신에게 잘 부탁드린다는 말을 하자, 감사함에 대해서 생각해보게 되었다고 한다.

처음으로 한권의 책이 만들어지기 위해서는 제지 회사 공장, 배달, 서점, 창고, 수많은 사람들이 필요한데 이 분들이 건강하게 일을 하기에 자신의 책이 만들어졌다며 처음으로 매일 밤 자기 전에 신세지고 있는 모든 분들의 얼굴을 상상하며 감사일기를 쓰고, 감사하는 마음으로 하루를 마쳤다고 한다.

이 세상에 어떤 것도 당연한 것이 없다. 먹을거리가 우리에게 오기까지 많은 사람들의 도움이 있기에 맛있게 먹을 수 있다. 건강을 위해서 의사들이 도움을 주고, 종이가 만들어지기 위해서는 수많은 나무와 인력과 기계가 같이 움직여 돌아가기 때문에 우리가 글을 읽을 수 있고, 문서를 쓸 수 있는 것이다. 당연하게 여기는 것들을 당연하게 여기지 않고 감사하는 마음이 건강의 지름길이다.

브라이언 트레이시는 《백만불짜리 습관》에서 "일찍 자고 일찍 일어나는 습관을 길러라. **성공한 거의 대부분의 사람들은 일찍 자고 일찍 일어난다. 일찍 일어나면 건강하고 현명한 사람이 되고 돈을 많이 번다. 그리고 건강에 대해 감사해라.**"라고 말했다.

성공한 사람들을 대부분 아침에 일찍 일어나서 건강을 위한 습관을 지속한다. 감사습관도 마찬가지다. 하루를 시작하는 아침에 일어날 수 있는 건강이 있는 걸 감사하며 하루를 시작하면 어떨까? 보약과 비타민을 굳이 챙겨먹지 않더라도 건강할 수 있을 것이다.

아침 일찍 산에 올라와 사람들과 같이 운동을 하고 감사하는 마음으로 하루를 시작하며 나날이 건강해지는 것에 대해 감사한다. 보약과 비타민보다 더 좋은 것이 바로 감사다.

지금 내가 누리고 있는 건강에 감사해보자.

1 나는 _____ 해서 건강해 감사합니다.

2 나는 건강을 위해 _____ 해서 감사합니다.

3 나는 _____ 하여 감사합니다.

# 9
# 감사하고 놓아버릴수록 느는 행복

감사에 인색하지 말라.

사람들의 마음은 무의식 중에 감사에 굶주려 있다.

- 브룩스 -

옛날 어느 마을에 굶주린 여우가 포도밭을 지나고 있었다. 주인 몰래 포도밭에 들어가 포도를 따먹으려 했으나 포도송이가 너무 높이 달렸다. 포도 가지에 닿으려고 껑충껑충 뛰어올랐지만, 끝내 닿지 못했다. 배고픔에 집착하고 반드시 따 먹으리란 생각을 놓지 않으며 여러 번 뛰어올랐다. 돌아오는 것은 실패뿐이었다. 그냥 돌아갈까 하다가 아쉬워하며 불평하면서 여러 번 펄쩍펄쩍 점프를 해봤지만 무리다. 그리고 이렇게 말한다.

"저 포도는 아주 실 것 같아. 아무나 뛰어 올라서 따 먹어 보라지. 그런데 재주 좋은 내 친구는 따먹었단 말이야."

여우는 욕심이 많은 걸까? 아님 남의 밭을 몰래 들어갔기 때문에 양심에 위배된 것일까? 아니면 쉽게 포기하는 것일까? 아니면 아예 못 먹을 포도를 이미 따 먹을 수 없다고 생각을 했기 때문에 못 먹었던 것일까?

나는 기본적으로 여우가 감사할 줄 모른다고 생각한다. 여우는 포도만 집착하고 자신이 가지고 있는 능력, 펄떡펄떡 점프하면서 뛰는 건강함, 걸을 수 있는 능력, 배고픔을 느낄 줄 아는 감각, 포도 말고 다른 먹이를 찾을 수 있다는 가능성에 대해서 감사를 하면서 안 되는 건 있는 그대로 놔두고 그저 감사하면서 포도를 바라봤더라면 여우의 마음은 어땠을까?

노자의 《도덕경》에는 이런 말이 있다.

완전한 비움에 이르라
참된 고요를 지키라
온갖 것이 생겨날 때
나는 그들의 되돌아감을 본다.

온갖 것 무성하게 뻗어 가나

결국 모두 그 뿌리로 돌아가게 된다.

뿌리로 돌아간다는 것은 고요를 찾음이다.


헛된 욕심과 잡생각을 비우고 감사하며 조용히 앉아 명상해 보면 우주 만상의 생겨남이 결국 모두 그들의 뿌리로 되돌아가는 것이다.

"무엇에 집착하는가?"라는 노자의 가르침을 보면서 여우가 집착하는 포도를 넘의 것이니까 따먹지 말자고, 내면의 양심이 놓아주고 다른 먹이를 찾았더라면 여우가 불평을 했을까?


눈코 뜰 사이 없이 부산하게 돌아가는 현대인들의 하루의 생활이 근본 진리인 감사에 초점을 맞추지 않고, 욕심에만 집착한다면 앞으로 생활하는데 보이는 것은 불평불만이라는 부정적인 감정이 생겨 현실을 그르치게 한다. **삶을 삶답게 살고, 허망한 생각과 무거운 짐에서 해방되는 참자유를 누리려면 어떤 상황에서도 감사해야 한다. 놓아버리고 비우면 감사하게 된다. 지금 이 순간 내가 가지고 있는 것이 너무나도 많다.**


추가열의 〈행복해요〉란 노래 가사에 이런 말이 나온다.

'숨을 쉴 수 있어서, 만질 수가 있어서, 말 할 수도 있어서, 사랑할 수 있어서 정말 행복해요. 이 중에 하나라도 내게 있다면 살아있다는 사실이죠. 행복한 거죠.'이다.

우리는 이중에서 숨을 쉴 수 있다는 사실에 감사하는 사람이 많지 않다는 걸 알 수 있다. "당연하게 숨을 쉬고 내쉬는 것이지 호흡하는 걸 뭘 감사해?"라고 말하는 사람은 가장 중요한 것을 놓치는 것이다.

여우가 포도를 따 먹다가 호흡이 정지되면 어떻게 될까? 이 세상을 살 수 없다. 그만큼 호흡은 살아있는 중요한 감사함의 요소이다. 그냥 살아있어서 행복하다는 생각을 이 세상 모든 사람들이 가지면 어떤 세계가 펼쳐질지 생각해봤다.

모든 사람들이 가진 욕심을 내려놓고, 서로에게 감사하고, 대상에 대해서 즐거워하고 행복해한다면 이 세상의 전쟁, 가난, 기아, 굶주림, 테러 등이 없어질 것이다.


이 세상 모든 부정적인 감정들은 화를 내게 만든다. 이때 자신의 들숨과 날숨을 천천히 조절하고 화가 난 상황을 잠시 떨어져서 관찰해보면, 마음을 멈추는 방법을 터득하게 된다. 이런 연습을 자주 하면, 지금 내가 살고 있는 이 세상에 모든 것이 우연한 것이 없고, 다 누구의 도움으로 이루어졌구나 생각이 들어 감사하게 된다. 화가 나는 상황에서 집착을 멈추고 호흡에 집중하면 많은 문제가 사라진다. 어떤 상황에서도 마음을 비우고, 호흡에 집중하여 감사한 마음을 느끼도록 하자.

사람은 세 가지 집착으로 고통 받는다고 붓다가 말했다.

> 1. 바라는 것을 얻고자 하는 집착, 하지만 이루어지지 않는데 대한 괴로움.
> 2. 손에 넣은 것을 언제까지나 계속 소유하고자 하는 집착, 하지만 곧 반드시 잃게 된다.
> 3. 고통 받는 것을 없애고자 하는 집착, 하지만 뜻대로 잘 되지 않는다.

손에 쥐고 있는 많은 것들을 손을 펴서 놓아버리면 가벼워지는데 많은 사람들이 불덩이처럼 꽉 쥐고 있으면서 괴로워한다. 그 중에서 가장 큰 괴로움이 남과 비교하여 가지지 못한 것을 가지고 있는 사람에 대한 질투다. 질투는 마음의 가장 큰 적이다. 자신이 인정받고 싶은데 가지지 못하는 그 인정을 다른 사람이 가지고 있는 고통, 여우가 다른 여우는 포도를 잘 따먹는 것 같은데 자신은 못 따먹는다고 괴로워하는 고통이 이에 해당한다.

**내 마음을 주시해 봐야 한다. 세상 사람들의 평가에만 너무 연연하여 괴로워하는 것이 아닌지. 모든 세상의 고민은 마음의 반응에서 비롯되었다.** 여우가 놓아버리고 감사하면 이런 모든 부정적인 감정을 느꼈을까?

바라는 마음, 계속해서 무엇인가를 바라며, 항상 목이 마르듯 채워지지 않는 마음이 계속해서 공허한 것들을 끌어당긴다. 결국 음식, 술, 담배, 커피 중독으로 가기 전에 버리고 비우고 감사하자. 그러면 내가 가지지 못한 것들 때문에 집착하여 고통을 일으키는 마음이 사라지면서 행복한 상황을 끌어들일 것이다.

무의식에서 끊임없이 갈망하는 감사하는 마음을 샘을 퍼내듯이 이제는 마음에서 끌어 올리자. 그런데 감사하는 방법을 잘 모르겠단 분들께 좋은 감사 방법을 다음 장에서 소개할 것이다.

지금 이 순간 감사할 점들을 적어보자.

1 나는 _____해서 감사하다.

2 나는 _____ 때문에 감사하다.

3 나는 _____를 알게 되어 감사하다.

# 1
# 감사메모 쓰는 두 가지 방법

> 기록하기를 좋아하라. 쉬지 말고 기록하라.
> 생각이 떠오르면 수시로 기록하라.
> 기억은 흐려지고 생각은 사라진다.
> - 다산 정약용 -

아이비 리는 록펠러, 모건, 카네기, 듀퐁과 같은 거물들을 주요 고객으로 삼는 컨설턴트였다. 베드레헴 철강 회사의 찰스 슈왑이 풀리지 않은 기업의 문제 때문에 아이비 리에게 상담을 부탁했다.

"나는 이미 너무 많은 지식을 가지고 있지만, 실천이 잘 안 됩니다. 내가 아는 것들의 반만이라도 실천하게 해준다면 얼마든지 비용을 지불하겠습니다." 찰스가 말했다.

"그럼 제가 제시하는 방법을 매일같이 한다고 약속해주십시오." 리가 단호하게 말했다.

"네, 그러지요. 저는 아주 제 삶을 극적으로 행복하게 바꾸고 싶습니다."

"오늘부터 자기 전에 매일 10분씩 그날 한 일을 생각하고 감사한 일을 적으십시오. 그리고 오늘 내가 잊어버리거나 실수한 일은 없는지 소홀히 한 점은 없는지 반성하고 그것도 역시 감사하십시오."

"그런 너무 쉽지 않습니까?"

"삶을 바꾸는 강력한 도구이니 잘 따라 오세요. 그런 다음, 메모지에 내일 꼭 해야 할 일을 6가지 적으십시오. 그리고 그 옆에다 '할 일을 다 하게 되어 감사합니다.'라고 적으신 후 중요한 순서대로 번호를 매기십시오. 그 순서대로 다음 날 아침 행동하시면 됩니다."

찰스 슈왑은 리 컨설턴트가 말한 대로 실행해 사업 상 큰 이익을 얻게 되어 25,000달러 수표를 리에게 전달했다.

==메모는 성공적인 삶을 살기 위한 도구다. 감사메모를 하는 것은 기적을 가져다준다. 주변 환경이 행복하게 바뀌고, 원하는 일이 잘 되게 해주며, 무엇보다 불평하는 습관을 없애준다.== 행복하고 성

공하고 싶다면 감사한 점을 메모하는 것이 좋다. 어디든 감사할 일들을 적는다. 가장 좋은 방법은 SNS상에서 같이 감사메모를 쓰는 모임에 가입하는 것이 좋다. 타인의 감사메모를 보고 좋은 자극이 된다. 누군가 보고 있다는 것은 행동의 가능성을 높여준다.

감사메모를 구체적으로 쓰는 것도 행동력을 높여준다. 예를 들어 ① '독서하게 되어 감사합니다.'라고 적는 것과, ② 《내가 감사메모를 쓰는 이유》를 읽게 되어 감사합니다.' ③ '《내가 감사메모를 쓰는 이유》를 저녁 7시에서 7시 30분 사이에 20페이지 읽어서 감사합니다.'라고 쓰는 것 중에서 가장 잘 이루어질 것 같은 감사메모는 어느 것인가? 당연히 ③번이다. 감사메모는 구체적으로 적을 때 이룰 가능성을 높여준다.

적는 것만으로도 행동할 가능성이 높고, 구체적으로 적으며 감사한다는 말이 들어가면 실제로 감사할 행동을 하게 된다. 어떤 것을 쓰든 감사하는 마음으로 메모한다면 이 세상에 되지 않을 일은 없다. 모든 것은 생각에 의해서 창조되기 때문에 감사하는 마음으로 메모한다면 그 메모가 감사에너지로 현실에 나타난다.

중요한 것은 찰스 슈왑이 리 컨설턴트에게 매일 적으라고 조언을 받아 실행했듯이, 매일 한 줄이라도 좋으니 자기 전이나 혹은 아침에 일어나자마자 감사메모를 한다.

건축가 훈데르트 바서는 "지상에는 행복하게 지낼 수 있게 모든 것이 다 있다. 하늘에서 내리는 눈이 있고, 날마다 새로 해가 뜨는 아침이 있다. 나무와 비가 있고, 희망과 눈물이 있다. 호흡을 하게 해 주는 산소가 있고, 온갖 동물과 색이 있다. 먼 나라가 있고, 자전거가 있고, 그림자가 있다. 우리는 부자다." **세상에서 큰일을 이룬 사람들의 공통점은 하루를 마치면서 감사일기에다 꼭 5가지 이상을 적는다.** 감사메모하는 것이 그들에게 성공을 가져다준다는 것을 알 수 있다. 만약 내가 부정적인 감정만 가지고 있고, 타인을 질투하거나 "나는 그런 걸 가질 사격이 없어."라고 불평만 한다면 삶에 원하는 것들을 얻을 가능성이 낮다. 바라는 것들을 이루기 위해서 생각을 바꾸기 전까진 좋은 일들이 들어오지 않을 것이다.

우리는 살아가면서 감동적인 이야기를 많이 접한다. 하루를 살아가면서 도움 받은 사람들이 많을 것이다. 그들에게 감사하단 메모를 적으면 어떨까? 꼭 그 감사메모를 상대방에게 전달하지 않더라도 감사의 감정은 고스란히 그와 나에게 전해진다. 그러니 감사메모는 간단하지만 내가 행복해질 수 있는 아주 좋은 방법이다. 우주의 모든 에너지는 기록된다. 상대방에게 감사를 표하는 메모는 상대방에게도 감사 에너지가 전달될 수 있는 좋은 방법이다. 북미 인디언의 가족 전통인사가 "당신이 있어 고맙습니다"이다. 우리는 하루 중 몇 번이나 가족에게 "당신이 있어 고맙습니다."라고 매일을 보내거나 카톡으로 가족에게 감사를 표하는가? 적어서 보내자. 감사메모를 하는 것은 생활 속에 좋은 관찰 습관을 기르게 한다.

나도 감사메모를 하면 할수록 좋은 것들이 많이 들어와 남편에게 매일 아침 감사의 메일을 보내거나 감사 카톡을 쓴다. 당연히 남편의 태도가 행복하게 바뀌었다. 부부간에 문제가 있거나 가정에 더욱 활기를 불어넣고 싶은 분은 꼭 남편에게 감사메모를 전달하길 바란다. 에너지가 긍정으로 바뀔 수 있다.

기록하면 생활 속에서 그저 지나쳤던 것들을 더 세심하게 바라본다. 세상을 관찰하기 시작한다. 기록하면 더 감사하게 된다. 일상을 기록하겠다고 마음을 정하고 감사한 점들을 메모하기 시작하면 생활 속에 감동이 더해진다. 필자도 매일 한국 미라클 모닝 카페에다 수시로 감사할 점들과 감동일기를 적는다. 혼자만 쓰는 것보다 같이 메모한 것들을 공유하는 것이 지속하는데 도움이 된다.

일상을 감사메모로 기록하겠다는 의도가 있으면 특별한 순간이 더 자주 눈에 띈다. 사진이나 글이나 메모나 일기 형식으로 감사할 점들을 남긴다. 살면서 감동받는 추억을 많이 만드는 것이 감사메모다. 누군가와 함께 했던 시간들을 메모로 기억하고 행복하자. 내 삶은 우주 전체라고 말할 수 있을 정도로 삶은 소중하다. 세상을 떠날 때 가지고 갈 수 있는 것은 추억과 감사함이지 않겠는가?

매일 다람쥐 쳇바퀴 도는 삶을 살고 싶지 않은 분들은 감사메모를 하자. 잠재의식에 더 창의적이고 활발한 생각들을 하게 만들고, 행복하게 만드는 감사메모를 적는 두 가지 방법은 첫째, 하루를 끝마치기 전에 그날 있었던 일 중에 감사할 점들을 떠올리며 적는다. 내일 할 일에 대해 미리 감사를 하고 우선순위를 매겨서 순서대로 행동한다. 둘째, 혼자서 쓰는 감사메모는 매일 지속할 가능성이 약해, SNS에 감사메모를 하는 모임에 가입한다. 그리고 구체적으로 하루에 있었던 일에 대해 감사할 점들을 올려서 공유하면 감사의 에너지가 증폭된다. 누군가 하루를 불평하고 살았는데 나의 감사메모를 보면서 삶의 시각이 바뀐다면 내가 큰 도움을 준 것이나 마찬가지다. 그러기 때문에 행복이 선순환된다. 오늘부터라도 당장 감사메모를 할 공책을 산다. 그리고 감사메모 모임에 가입한다. 삶이 더 행복한 방향으로 전환될 것이다.

지금 이 순간 감사한 일들에 대해 적어보자.

1 _____해서 감사합니다.

2 _____있어 감사합니다.

3 _____할 수 있어 감사합니다.

# 2
# 하루 5분, 가슴 두근거리는 감사메모를 써라

> 감사는 하루 하루를 귀중하게 여기고,
> 아무리 하찮은 것이라 할지라도
> 일상의 즐거움을 음미하게 해준다.
> -레나타 모리츠-

하루는 24시간이다. 1,440분은 누구에게나 공평하게 주어진다. 86,400초 중에서 300초를 감사메모 하는데 쓰면 삶이 놀라보게 달라질 것이다. 당신이 시간을 선택하지 않으면 시간에 의해 지배되는 삶을 살 것이다. 적극적으로 시간을 통제할 수 있는 삶을 사는 사람이 행복하다. 시간은 쏜살같이 지나간다. 메모하지 않으면 무슨 일을 했는지 뇌가 기억하지 못한다. 삶에서 감사한 점들을 메모하다보면 빠르게 지나가는 시간을 잡을 수 있다.

바쁠수록 스트레스를 받는다. 마음은 불만족하여 항상 초조하고, 불안하다. 이런 마음을 잘 잡아놓을 수 있는 방법이 하루 5분 감사메모다. 있어도 없어도 되는 시간이지만 매일 하루를 시작하기 전에 오늘 있을 일에 대해 감사할 점들을 메모한다. 불안하고 두려운 마음을 잠재울 수 있을 것이다.

미래에 원하는 가슴 두근거리는 상상을 하면서 보내는 시간 5분은 인생을 마법처럼 새롭게 해줄 것이다. 오늘 하루를 어떻게 살 것인지 감사하며 메모를 남기는 것은 온 세상에다 그렇게 되게 해달라는 수신기다. 도움을 온 세상에다 보내면 그것과 관련된 인연과 일들이 다가올 것이다. 동시성에 놀랄 수도 있다. 사람들에게 "어떤 새로운 사실을 알게 되어 시도를 몇 번 했는가"에 대해서 물으면, 거의 한 번도 채 안 한다고 답한다. 감사에 대한 책이 시중에 많지만, 감사한 점들을 매일 떠올리고 실제로 메모하는 사람들은 많지 않다. 쉽게 삶이 바뀌지 않는 이유다.

1950년 캐나다 신경외과 의사인 와일더 펜필드는 신체 각 부위를 지배하는 뇌신경 세포량을 인체 비율로 그려서 발표했다. 펜필드의 '손인간'은 손, 입, 혀가 가장 크게 나왔다. 그 중에 손이 차지하는 비율이 30%다. 손은 우리가 생각하는 것 이상의 잠재력 사용방법이다. 감사를 메모한다는 것은 당신의 잠재력을 사용할 수 있는 아주 좋은 방법이다. 꿈을 이루게 하고, 잠재의식으로 풀리지 않던 문제도 감사메모로 풀 수 있다. 손은 놀라운 효과가 있다. 손을 이용하여 기록하는 행위 자체가 뇌신경 발달과 세포를 자극해 뇌활동을 크게 증가시킨다.

매일 아침이든 저녁이든 감사메모를 꼭 5분만 하겠다고 마음을 정하고 실천한다면 삶의 모든 것들이 달라보이게 될 것이다. 주변에 좋은 인연들이 찾아온다. 마음은 평온하고 행복해진다. 가족 관계가 달라질 것이다.

필자가 운영하는 한국 미라클모닝 카페에는 매일 감사메모가 올라온다. 회원님들이 감사일기를 쓰기 전에는 그날이 그날 같은 지루한 날이었지만, 감사메모를 하고 난 후에는 "모든 것이 다 좋아진다"고 말한다. 가슴 두근거리며 매일 아침을 새롭게 감사하며 시작할 수 있어서 삶의 모든 분야에 대해서 감사한다는 분들의 이야기를 아침부터 들으면 감사에너지가 전해져 덩달아 행복해진다. 5분이라는 시간을 소중히 대한다면 시간도 당신을 소중히 대할 것이다. 하루 24시간을 아무렇게나 흘려보낸다면 시간도 당신을 아무렇지 않은 사람으로 대할 것이다.

하늘 아래 새로운 것이 없다고 솔로몬이 말했다지만, 매일 감사메모를 5분 적는 것은 하늘 아래 새로울 것이 없는 세상에서 가슴 떨리게 새로운 하루를 살아갈 수 있는 엔진을 만들어 줄 것이다. 가슴이 떨린다는 것은 행복하다는 뜻이다. 매일 행복하게 살 수 있는 방법이 바로 감사메모 쓰기다. 이렇게 간단한 방법을 사람들은 "뭐 그게 되겠어?"라며 쉽게 써 볼 생각을 안 한다. 하지만, 이 책을 읽고 있는 독자들은 꼭 감사메모를 써보자.

미국 펜실베니아 대학교 심리학 교수인 마틴 셀리그만 박사는 신문광고를 통해 감사메모를 할 412명의 지원자를 받았다. 그들에게 일주일 동안 삶에서 어떤 것이라도 좋으니 감사한 점들을 메모하게 시켰다. 딱 5분 동안 삶에서 감사한 점들을 적고, 가슴 뛰는 감정을 느끼고, 감사한 이유까지 적게 했더니 참가자 전원이 감사메모를 하기 전보다 행복해졌다.

일주일간 한 연구지만, 6개월 후에도 그들의 행복이 지속되었다. 우울증을 앓고 있었던 사람이 우울증도 약해지고, 세상에 대해서 비관하던 사람들이 감사메모로 인해 세상에 대해 감사하게 되어 가슴이 뛰는 행복한 상상들을 하기 시작한 것이다.

감사메모를 쓰는 가장 좋은 방법은 내가 지금 누리고 있는 삶의 선물에 대해 아주 기본적인 것들부터 시작하는 것이 좋다. 예를 들어 우리가 아침에 화장실을 가는 것도 큰 축복이다. 왜냐하면 화장실을 제대로 갈 수 없는 사람들도 있고, 남의 도움을 받아야만 화장실에 갈 수 있는 사람들도 있다. 또 화장실이 없는 아프리카 같은 곳을 생각해 보면 지금 우리가 화장실에 잘 갈 수 있는 것만으로도 크나큰 축복이다.

생리 현상을 해결하는 것을 제대로 할 수 없는 사람들도 지구상에는 많다. 이런 사소한 것에서부터 미래에 내가 되고 싶은 꿈의 모습을 상상하면서 감사메모를 한다면 지금과는 다른 삶이 펼쳐질 것이다.

세월이 빨리 지나간다고 하는 분들을 주위에서 많이 본다.
"인생의 4분의 1은 미처 깨닫지 못한 사이에 지나가고 마지막 4분의 1은 즐거움을 누릴 틈도 없이 지나간다. 이렇게 쓸모없이 버려지는 시간 사이에도 잠으로, 고통으로, 일로, 속박으로 온갖 슬픔으로 낭비하고 있다"고 장자크 루소는 말했다.
**인생이 짧다는 것은 살고 있는 기간이 짧은 것이 아니라 그 시간 동안에 참다운 인생을 많이 맛 볼 수 없다는 걸 뜻한다. 처음과 끝 사이에 여백을 채우지 못한다면 인생은 짧게 지나가버릴 것이다.**

이렇게 짧은 시간 여백에다 하루 5분씩만 투자해서 감사메모를 한다면 삶에서 놓쳐버린 것들을 잡을 수 있어서 시간을 벌 수 있다. 그리고 행복한 마음을 얻는 것은 덤이다.

냉장고의 유통기간이 지난 음식들을 잔뜩 쌓아 놓고, 그것들을 쳐다보지도 않는데도 버리지 않는다면 새로운 음식을 넣을 자리가 없을 것이다. 공간을 확보하기 위해서는 과거의 습관을 버려야 한다.
"왜 새로운 일들이 없고, 매일 그날이 그날 같으며 다람쥐 쳇바퀴 도는 것같이 느껴지지?"라고 생각된다면 과거의 습관을 버리고 새로운 습관을 실천하자. 처음에는 힘들겠지만 연습이 필요하다.

나무가 잘 크기 위해서는 가지를 쳐주기도 하고 솎아 내기도 해야 한다. 우리 삶에서 꼭 필요한 감사메모를 쓰기 위해서는 불필요한 것들을 하는 시간을 솎아 내야 한다. 의미 없이 보내는 인터넷이나 텔레비전 보는 시간을 조금 줄이면 충분히 확보할 수 있는 시간이 5분이다.

오늘부터라도 좋다. 집에 있는 아무 메모지나 꺼내서 삶에서 감사한 점들을 5분 동안 가슴 설레며 적어보자. 매일 한다면 하루가 매일 새로워질 것이다.

내가 매일 적는 감사메모로 삶이 행복하게 바뀐 사람이기 때문에 그 효과는 확실히 증명할 수 있다. 하루 5분, 시간을 내는 것은 마음먹기에 달려있다. 삶의 어떤 것보다도 감사를 최우선으로 생각한다면 매 일상이 감사한 점들로 가득찰 것이다.

> 지금 이 순간 생각나는 감사메모를 남기고 가슴 뛰는 상상을 해보자.
>
> 1 _____할 것이라서 감사합니다.
>
> 2 _____해서 감사합니다.
>
> 3 _____를 알게 되어 감사합니다.

# 3
# 감사로 힐링 에너지를 얻는다

**진실한 감사는 우리의 자존감을 높여준다.
상대방에게 진심으로 감사의 마음을 표현하면 선량의 불꽃이
서서히 피어올라 우리의 자존감을 높여줄 것이다.**

- 샤흐르 -

　힐링이란 단어가 언제부터 우리 사회에 회자되었을까? 최근 들어 현대인들에게 마음의 감기인 우울증이 심각하다. 남과의 비교, 질투, 화, 분노, 두려움, 불안들이 우리 사회에 팽배해있다. 사람들은 물질적으로 풍요로운 사회에서 힐링 에너지를 필요로 한다. 아주 간단하고 쉬운 힐링 방법이 있다. '감사를 표현하기'다.

스위스의 사상가 칼 힐티는 **"행복하기 위한 조건은 감사이다."** 라고 말했다. 감사는 삶의 모든 분야에서 힐링 에너지를 가져다 준다.

우리 아파트 윗층에 사는 초등학교 2학년 윤호와 거리에서 마주쳤다. 감사에 관한 책을 쓰고 있어서 감사 주제에 관한 질문을 했다.

"윤호야, 넌 항상 웃고 다니고, 행복해 보이는구나. 아빠가 잘해주시는 것 같아. 너는 아빠가 뭘 해줄 때 가장 행복하다고 느끼니?"

"일요일에 거실에서 같이 낮잠 자주실 때요."

"오호 그렇구나. 간단하네. 아빠가 같이 낮잠 자주는 것만으로도 행복해?"

"네."

"그럼, 윤호는 아빠가 언제 고맙다고 생각하니?"

"아빠가 저를 꼭 안아주실 때요."

어린 아이도 힐링이 어디에서 되는 것인지 안다. 힐링이란 우리 주변 가까이 있다. 가족 안에서 살을 부딪히며, 낮잠을 같이 자주고 안아줄 때 감사함을 느낀다는 사실을 아는가?

우리는 어딜 가야만 지금의 이 우울한 마음이 해소될 것 같고, 뭘 먹어야만 허전한 마음이 채워져야 할 것 같고, 뭘 성취해야만 남과의 비교에서 이길 것 같은 생각이 들어, 끊임없이 무엇인가를 자신의 외부에서 찾으려고 한다. 하지만, 진정한 힐링은 항상 지금 이 순간 작은 행복에 달려있다.

윤호란 아이가 아빠한테 감사함을 아주 사소한 것에서 느끼듯, 이 책을 읽는 독자도 작은 곳에서 감사한 일들을 찾아 자주 그 마음을 꺼내어 표현해보자. 평소에 작은 것에도 감사할 줄 알고, 행복해지기로 마음을 먹고, 주위를 바라보자. 아무리 힘든 상황에서도 반드시 쏟아날 구멍은 있다. 그 구멍이 감사다. 많은 사람들이 아픔과 상처를 입고 산다. 나 역시 예외가 아니다. 하지만, 그 아픔과 상처를 그대로 놔두면 곪아 터진다. 아픈 마음, 상처를 치유하려는 의지가 있을 때 비로소 힐링 에너지를 얻을 것이다.

자신의 현 상황을 있는 그대로 받아들이고, 내 주변의 작은 것부터 감사할 점들을 찾는다. 그리고 감사하며 느끼는 것을 적극 표현해 본다. 가족에게 주변 친구들에게, 내 아이들에게, 그리고 심지어 사물에게도 감사를 표한다. 어려운 것이 아니다. 그저 다가가서 "감사합니다"라는 한마디만 용기 내어 말하면 된다. 자신을 적극 변화시키고 지금의 상황을 바꾸고자 한다면 먼저 감사하라. 불평과 불만이 올라올 때 먼저 자신을 거울에 비춰보고 감사하라. 거울 속의 자신이 힐링 에너지로 보답할 것이다.

《아티스트 웨이》를 쓴 작가 줄리아 카메룬은 현재의 삶이 힘든 사람들에게 힐링 에너지를 주기위해, 매일 아침 일어나자마자 노트 3페이지에다 아무 말이나 떠오르는 대로 적게 한다. 줄리아 카메룬도 원래 우울증이 심하고, 알콜 중독에다 삶이 엉망진창이었는데 매일 쓰는 모닝 페이지 의식 덕분에 많이 좋아졌다고 말한다. 하지만, 최근에 읽은 책에서 줄리아 카메룬도 두려움이 많다는 사실을 알았다. 그녀의 책《여행을 앞둔 당신에게》에서 비행 공포증 때문에 신에게 기도를 올리는 장면이 유난히 많다.

처음에 그녀는 비행기 안에서 신에게 이렇게 기도했다.
'신이시여 제가 혼자가 아니라는 것을 알게 해주십시오. 저의 두려움을 있는 그대로 받아들이게 해주십시오. 제 마음이 너무 두렵습니다. 마음을 평온하게 해 줄 수 있게 해주십시오.'
그런데 비행기 좌석 옆에 앉은 사람이 그녀가 기도하는 걸 보고 자신도 기도하는 방법을 알려달라 했다. 알고 보니 옆 좌석의 사람도 비행공포증이 있었던 것이다. 이번에는 '~해주십시오'가 아니라 '~해서 감사하다'로 바꾸어서 기도를 해보자고 제안했다.
'제가 혼자가 아니라는 것을 알게 해주셔서 감사합니다. 저의 두려움을 있는 그대로 받아들일 수 있는 용기에 감사합니다. 평온함을 얻게 해주셔서 감사합니다.'

잠시 후에는 힐링 에너지가 나와 마음이 평온해짐을 느꼈다.

'~해 달라'고 막연히 기도하는 것보다 이미 그 기도가 이루어진 것처럼 감사하며 기도를 하니 마음이 평정되고, 가라앉은 것에 대해 줄리아 카메룬은 이렇게 얘기한다.

"무언가 새로운 것을 시작하거나 도전하려 할 때 누구나 걱정거리가 생기고 두렵다. 긴장을 하는 것은 어떻게 보면 당연한 것이다. 그렇다고 불안을 가져다주는 것에 힘을 내어주면 두려움이 내 온몸을 장악하고, 내 주위 환경을 꼼짝달싹하지 못하게 한다. 일단 감사하고 어떻게든 관심을 다른 곳으로 돌려 강박관념과 집착을 떨어내야 한다."

예를 들어 음악을 듣거나, 영화를 보거나, 친구와 통화를 한다거나 감사일기를 쓰거나 운동을 하고, 책을 보고, 힐링 에너지를 샘솟게 할 수 있는 것은 어떤 것이든 하면 좋다고 한다.

책을 읽다가 한국 미라클모닝 카페에 회원님들이 감사일기 쓴 것을 읽었다. 때마침 이런 글이 올라왔다. 다음은 H님의 2017년 9월 12일의 감사메모 일기다.

'하루 일과를 감사와 함께 시작할 수 있어서 감사합니다. 감사는 마음을 평온하게 하는 강한 힘이 있습니다. 어떠한 상황에서도 싸우지 않고, 돌부리에 넘어져도 감사할 줄 아는 신비한 힘이 있습니다. 감사할 것을 찾으며 긍정적으로 확실히 변화되어 감사합니다.'

H님은 전날 아래층의 누수로 집을 잠시 비워줘야 하는 상황에서도 감사의 마음으로 전환하자 신기한 힐링 에너지를 경험하여 감사를 더하게 되었다. 감사하기 전에는 불평이 많았는데 감사를 전하기 시작하자 마음이 한결 가벼워짐을 느낀다고 한다.

  '아랫집에 누수로 집을 비워 여러모로 불편했는데 힘든 여건 속에서도 감사를 찾아 감사합니다. 일주일이나 열흘 만에 끝나서 감사합니다. 묵은 짐의 먼지를 털고 새로 이사한 느낌 감사합니다. 집의 중요성을 알아 감사합니다. 이사 바구니 빌려주신 이웃집 할아버지 감사합니다. 무거운 책을 잘 옮겨준 남편 감사합니다. 아이들이 잘 놀아서 감사합니다.'라며 수시로 감사한다.

  우리 뇌는 수많은 신경 세포 다발들로 연결되어 이어져 있다. 그 세포들이 단단한 고리를 형성해서 웬만한 의지로 끊지 않으면 힐링 에너지가 들어오기 힘들다. 한번 형성된 생각의 회로가 자꾸 똑같은 생각을 반복하기 때문에 습관 끊기가 어렵다. 하지만 감사는 단단한 세포 연결 고리를 단번에 끊을 수 있는 아주 쉬운 비밀의 도구다. ==매일 다그치는 자신을 감사하는 마음으로 뇌를 바꾸면 신경회로의 부정성의 연결 고리가 끊어진다.==

  《자존감 수업》을 쓴 윤홍균 정신과 원장도 불평과 비난을 하면 일시적으로 감정의 카타르시르를 느낄 수 있으나 감정이 배설될 때뿐이지 달라지는 것이 없이 상황은 더 악화된다고 말한다. 대상이 가족일 경우에는 더 심각하다. 공격 성향을 가중시키고 강박을 가지게 하여 문제를 해결하지 못하고, 마음을 위축시킨다고 한다. 자존감 있는 삶을 살아 힐링 에너지를 얻기 위해서는 매일 자신을 위해 자존감 훈련을 해야 한다고 말한다. **나 자신을 있는 그대로 받아들이고 치유하기 위해서 꾸준히 자신을 보듬어주고 자신에게 "수고했다 힘들었구나. 사랑한다. 고맙다."는 말로 표현해주는 것이 좋다.** 진정한 힐링 에너지는 지금 이 순간 자신에게 감사를 전하는 데서부터 시작된다.

> 내 이름을 적고, 지금 이 순간 나에게 고마운 점 3가지를 적어 본다.
>
> 1 _____아(야), _____해줘서 고마워.
>
> 2 _____아(야), _____에도 불구하고 잘 살아줘서 고마워.
>
> 3 _____아(야), _____해서 힘들지. 다 괜찮아질 거야. 고마워. 사랑해.

# 4
# 굿바이, 작심 3일 감사

이 모든 상황에서 감사할 수 있다면
삶은 진정으로 변하기 시작한다.
- 넬슨 -

최근 몇 년간 제주도 올레길 걷기가 유행하고 있다. 경남에 사는 24세 박성민씨는 '스페인의 산티아고 길'을 걸으며 깨달음의 체험을 한 파울료 코엘료의 《순례자》를 읽고, 제주 올레길을 완주했다. "왜 걷느냐?"는 질문에 "행복하기 위해서"라는 답을 찾았다. 그리고 서울에 사는 45세 김세영씨도 올레길을 걸었다. 그녀는 숨쉬기 운동만 하는 사람인데 20km이상을 걸을 수 있었던 것은 강한 '끌림'이 있었기 때문이라고 말한다.

 이처럼 사람들이 어떠한 활동을 하고 걷는 이유는 끌림과 행복을 위해서다. 걸을 때 행복을 느끼던 사람도 일상 생활로 돌아오면 끌림의 농도가 옅어지기도 한다. 하지만 매일 자신의 행복에 끌리는 삶을 살 수 있는 방법이 있다. '감사하기'다. 감사는 지금 이 순간 여기로 되돌아 올 수 있는 좋은 길이기 때문이다. 감사 실천은 하루만 해서는 좋은 길을 갈 수가 없다. 매번 삶에서 부딪히는 여러 가지 문제가 있을 때마다 꾸준히 감사하는 것이 중요하다.

 아무리 좋은 감사지만 한번 실천하면 습관이 형성되지 않는다. 꾸준히 하는 것이 중요하다. 감사하기로 작심하고 3일이 지나면 '이거 뭐 해서 되겠어?'라는 생각과 '감사한다고 삶이 달라져?'라고 생각하는 마음을 잠재울 수 있는 방법이 있다.

 《습관의 재발견》의 저자 스티브 기즈는 운동하는 것도 글을 쓰는 것도 아주 싫어하는 사람이었다. 하지만 자기 전 딱 팔굽혀펴기 한 개, 글 2줄 쓰기라는 아주 작은 목표를 정하고 매일 실천하자 그의 삶이 놀랍게 변했다. 팔굽혀 펴기를 어쩌다 30개 하는 것보다 "매일 한 개를 하는 것이 더 좋다"는 저자는 아주 사소한 습관의 중요성에 대해 주장한다. 이렇게 작은 습관을 실천하다보면 성공 경험을 많이 쌓게 된다. 작고 사소하고 가볍게 시작하는 것이 더 큰 목표를 성취하는 초석이다.

혹시 지금 이 책을 읽는 독자들도 감사일기를 써 봤는데 했다가 말았다가 했다면 너무 크게 목표를 잡지 말고 매일 '감사합니다'라는 한 글자만 쓴다. '감사합니다'라는 말을 한번만 매일 하는 것으로 아주 작은 단위의 목표를 정한다. 단, 매일 해야 한다. 실패할 수 없는 습관이다. 자기 전에 '감사합니다' 말 한마디로 '뭐 삶이 달라지겠어'라고 말할 수도 있겠지만, 달라진다. 작심 3일을 잠재울 수 있고, 이런 성취의 뿌듯함이 다른 행동을 지속할 수 있는 습관의 초석을 만들어 줄 것이다.

습관적으로 사용하는 말, 즉 감정을 묘사하기 위해서 사용하는 말들을 바꾸는 것만으로도 생각하는 방식이나 느끼는 방식, 심지어 살아가는 방식이 바뀐다. '감사합니다'라는 말을 하루에 한번이라도 하면 내 말이 현실이라는 토양에 감사의 씨앗을 뿌리는 것과 같다. ==감사라는 말이 감정을 낳게 하고 그 말이 살아가는 방식을 긍정적으로 바꾼다.== 지금 눈을 감고 '감사'라는 말을 떠 올려 보라. 어떤 감정이 드는가? 감사를 떠올리면서 부정적인 감정을 느끼는 사람은 없을 것이다. 말 자체가 가진 힘이 크다. 현실에서 부정적인 상황을 많이 접하는 독자들은 하루에 '감사합니다'라는 말을 한

번만 아주 작게 해보기를 실천해보자.

작심 3일이 인생에서 떠날 것이다. 매일 작심 3일을 하게 되어 그 작심이 100일이 되고 1000일이 되고 평생이 될 날을 기대해 본다.

"적절한 말이야말로 강력한 힘을 가지고 있다. 최상의 적절한 말을 생각해낼 때마다 마치 감전된 듯한 자극을 받아 우리의 정신뿐만 아니라 육체적으로 강력한 효과를 얻는다"라고 마크 트웨인이 말했다. '감사'의 말은 강력한 힘을 가지고 있다. 하루에 만 번 감사하면 병이 사라질 수 있을 정도로 강력한 말이다.

언제나 새로운 습관을 들이려고 할 때에 익숙한 습관이 자꾸 고개를 든다. 감사하고 싶지만 불평하는 마음이 나오고, 당연하다고 생각하고 싶을 것이다. 익숙한 습관은 항상 새로운 습관을 방해한다. 익숙한 습관이 왜 새로운 습관, '감사합니다'라는 말 한번 하기를 방해하는지 거기에는 어떤 저항이 있는지 살펴본다. 혹시 지금 이대로 사는 것이 편한 것인지, 자유롭게 살고 싶은 것인지, 아니면 감정을 그냥 부정적으로 배출하고 살고 싶은지 곰곰이 생각해봐야 한다. 적어도 이 책을 집어든 독자라면 삶을 좀 더 긍정적으로 바꾸고 싶을 거라고 생각한다. 그러면 지금까지 감사하려고 생각은 했는데 잘 안 되는 이유를 생각해보자. 앞으로 어떻게 하다 말다 작심 3일에서 그치는 것을 방지하기 위해 아주 작게 '감사합니다'라고 하루에 한번 말해보자.

살면서 너무 스트레스가 심해서 '감사합니다'라는 말을 떠올리는 것 자체가 힘들 수도 있다. 하지만, 그때마다 더 '감사합니다, 고맙습니다'를 자신에게 들려주자. 스트레스가 줄어들고 엔돌핀이 생긴다. 모든 문제는 영원하지 않다. 어느 순간에 해결되어 있을 것이다. 모든 것은 변화하고 지나가게 되어 있다. 삶에 지쳐 부정적인 생각으로 가득하다면 절대 실패할 수 없는 하루 '감사합니다'라고 말 한마디만 하기를 실천해보자.

**지금 감사한 점 3가지를 적어보자.**

1 ＿＿＿＿＿＿＿를 할 생각이라서 감사합니다.

2 ＿＿＿＿＿＿＿를 읽게 되어 감사합니다.

3 ＿＿＿＿＿＿＿에 대해 감사합니다.

# 5
# 감사하는 습관으로 생활을 Detox하라

'고맙습니다. 감사합니다'라는 말은 간단하지만
그 말을 내뱉는 순간, 그 자리의 공기를 바꾸는 힘이 있다.
- 론다 번 -

3년 전 서울대에 명상 강의를 들으러 갔다. 강의 시작 2시간 전에 도착했다. 관악산도 올라갔다. 계곡에 발도 적신 후, 행복하게 캠퍼스를 걷고 있었다. 그런데 신기한 걸 발견했다. 버스 정류장에서 버스를 기다리는 서울대 학생들이 전부 휴대폰을 꺼내서 뭔가를 고개 숙이며 보고 있었다. 대한민국에서 최고의 성적을 자랑하는 학생들이 책을 보는 모습을 눈 씻고도 찾아볼 수 없었다. 학생들은 디지털 홍수의 바다에 빠져있다. 이들의 미래가 걱정되었다. 디지털 단식이 필요하다.

디지털에 중독되게 만든 장본인, 에릭 슈밋 구글 회장이 2012년 보스톤 졸업식 축사에서 "하루 한 시간만이라도 휴대폰과 컴퓨터를 끄고 사랑하는 이의 눈을 보며 대화하라"는 메시지를 전했다.

빌 게이츠도 게임에 중독된 자신의 자녀를 위해 중독에서 벗어나는 방법 10가지를 내놓았다. 전 세계에서 디지털 중독 때문에 삶의 습관을 바꾸고자 노력하는 사람들이 한 둘이 아니다. 디지털 단식이 나오게 된 배경은 거북목 중후군, 신체 질환, 불면증, 스트레스 등이 사회적 이슈로 떠오르고 있기 때문이다.

디톡스의 원리는 적게 먹고 많이 배설하는 '소식 배설 건강법'이다. 몸에 해로운 것들을 줄이고 도움이 되는 것들을 많이 해줄 필요성이 있다. 그중에서 감사하는 습관이 디톡스에 도움된다.

감사하면서 호흡을 폐로 들이마시는 것이 아닌, 배로 들이마시고 내 쉬면 폐에 해로운 물질이 지나치게 축적되는 것을 막아준다. 숨을 5초 동안 배로 들이마시고, 5초 동안 배로 내쉰다. 풍선을 부는 것을 상상하자. 풍선을 불 때 배가 부풀어 오르고, 바람이 빠질 때 배가 수축되게 한다. 호흡과 감사가 육체적, 정신적 능력을 키워줘 건강한 상태로 되돌려 놓을 것이다.

프랑스에서 활동하는 틱닛한 '플럼 빌리지' 불교 수행자는 감사명상 복식 호흡은 스트레스를 줄이는 훌륭한 도구라고 말한다.

"공기를 들이마시며 나의 육체를 안정시키고, 숨을 내쉬며 미소 짓고 현재의 순간으로 감사하며 돌아오자."라고 말한다.

**디지털 기기의 홍수에 빠져 있는 사람들에게 전 세계 명상가들은 평화로움과 마음의 안정을 위해 복식호흡을 하라고 강조한다.** 감사명상을 혼자 하기 힘들면 유튜브에서 '감사명상'을 검색해보면 많이 나오니 그걸 활용하자. 감사명상을 하라고 안내하는 사람의 말에 따라 천천히 호흡을 들이 마시고 내쉬자. 디지털 스트레스에 지친 뇌를 보호할 수 있을 것이다.


대청소를 하면서 냉장고 냉동실에 먹지 않지만 오랫동안 간직해둔 음식들을 버렸다. 냉장고에 남은 음식을 넣어 두고서 다시 먹는 경우는 별로 없다. 결국 시간이 지나면 공간만 차지하고 악취가 풍겨난다. '낭비 금지'라는 생각으로 유통기간이 지난 음식을 먹고 식중독에 걸리는 것보다는 아예 먹지 않는 것이 좋다. 내 몸도 대청소가 필요하고 단식이 필요하듯, 우리 정신도 디지털 기기의 단식을 필요로 한다.

비운 자리에 '감사합니다'라고 자신에게 말하거나 타인을 향해 감사 에너지를 보낸다. '감사합니다'라는 말은 많이 해도 지나치지 않는다.

==감사의 마인드만 전환해도 인생의 99%가 변한다=="고 데보라 ==노빌이 말했다.==

어쩌면 우리 정신에 부정적인 쓰레기들을 긍정으로 디톡스 해주는 것이 '감사'일지도 모른다.

패스트 푸드와 정크 푸드가 몸에 해롭듯이 디지털 기기에 너무 중독되어 있는 것도 해롭다. 뇌는 감사하고 사랑하는 인간 대 인간의 접촉이 필요하다. 그러나 요즘은 인간의 교류는 없어지고 점점 기계에 의해 학대 당하고 있는 실정이다. 전자파와 수많은 소음들 속에서 우리 뇌가 휴식을 취하기 위해선 감사습관 디톡스와 재정비가 필요하다.

트위터 가입자 수 5억 명 이상, 페이스 북 10억 명 이상이다. 손바닥 안의 세상에 관심을 다 빼앗겨 버린 우리들은 가족, 친구, 친지들과 함께 지내는 시간들이 줄어들고 있다. 인간교류를 하는 시간이 부족할 뿐만 아니라 지친 머리를 쉬게 할 소중한 시간마저 들어들고 있다. 마주 앉은 사람들보다 스마트 폰 안의 관계에 정신이 팔려 있는 우리는 과연 지금 이대로 행복한가?

아인슈타인은 소소한 정보를 기억하지 않고 뇌를 비워두기 위해서 메모를 하고 명상을 했다. 워렌 버핏도 출근해서 천장을 바라보며 명상을 했고, 스티브 잡스도 모든 디지털 기계에서 해방되어 산책을 즐겼다. 빌게이츠는 일 년에 두 번 모든 일정을 다 접고 통나무집에서 독서하며 명상하는 시간을 가졌다.

잔을 채우기 위해서는 먼저 비워야 한다. 감사하는 생각을 가지기 위해서는 우선 생각을 비우는 명상을 한다. 후회로 가득한 어제를 비우지 않으면 새로운 오늘이 채워지지 않고, 오늘을 비우지 않으면 또 다른 내일이 채워지지 않는다. 생활의 디톡스가 필요하다. 내면의 생각을 비우고, 새로운 감사습관을 들인다면 내 정신과 마음 상태는 밝게 바뀔 것이다.

텔레비전, 라디오, 인터넷에 소비하는 시간을 최소한으로 줄이고, 감사명상을 하자. 아주 간단하다. 조용한 곳에 가서 호흡을 길게 들이 마시고 내쉬는 걸 딱 다섯 번만 하면서 감사한 것들을 떠올린다. 그러면 순간의 에너지가 긍정으로 확 바뀔 것이다. 하루에 딱 1분이면 된다. 5초씩 들이 마시고 내쉬는 걸 1분 동안 눈을 감고 책상 다리 자세를 하며 허리를 곧추 세운다. 지금 책을 잠시 내려놓고, 눈을 감는다. 그리고 심호흡을 세 번 정도 한다. 느낌이 어떤가? 마음이 차분해지면서 머리가 명료해질 것이다.

감사는 명상이고 생활의 해독제이자 디톡스다. 감사명상을 통해 이완된 마음이 고혈압, 불면증, 우울증, 통증, 스트레스를 막아줄 것이다. 더 늦기 전에 지금 이 순간 감사하는 마음으로 명상을 한다. 하루에 한번이라도 자신의 내면에 소리를 귀를 기울이는 감사명상을 한다면 분명 삶은 디지털 기기에 지친 뇌를 행복하게 해줄 것이다.

지금 이 순간 감사하며 떠오르는 감사할 점들을 적어보자.

1 _____ 해서 감사합니다.

2 _____ 를 알게 되어 감사합니다.

3 _____ 가 좋아져 감사합니다.

# 6
# 감사메모 방정식

**가장 어려운 산수는**

**우리가 받은 축복과 감사에 대해 대한 덧셈이다.**

**- 에릭 호퍼-**

설득을 위한 좋은 언어 습관은 7가지 단어를 자주 사용하는 것이다. 북미 정상급 마인드 매직 전문가로 알려진 팀 데이비드는 《마법의 일곱 단어》에서 '좋아요'와 '하지만'이란 단어를 주목하라고 한다. 왜냐하면 그 단어가 가장 많이 사람을 움직이는 말이기 때문이다. 나머지 설득을 위한 단어 5가지는 '왜냐하면, 상대방의 이름, 만약, 도움, 감사.'이다. 긍정적인 답이 나오는 질문에 단순히 '좋아요' 라는 말이나 표정을 짓는 것만으로도 주변 사람들에게 미치는 영향력이 커진다고 한다.

사람은 특정 단어를 들었을 때 뇌에서 비슷한 반응을 보인다고 한다. 예를 들어 상대방의 이름을 부르면 '그가 나를 중요하게 여기는구나'라는 반응을 불러일으킬 수 있다. 그만큼 설득의 효과를 볼 수 있다고 한다. 우리가 말할 때 듣는 사람들의 뇌는 움직인다. 다시 말하면 우리의 대화 방식이 상대방의 신경을 변화시킨다.

"좋아요. 해볼게요. 좋은 생각이에요. 하지만, 지금 필요한 건 아닙니다. 왜 일을 하죠? 왜냐하면 가족이 있으니까요. 영희씨. 만약 당신이 나라면 어떻게 할래요? 당신, 설거지 좀 도와줄래요? 도와줘서 고마워요."

마법의 7단어를 살펴보면 누구에게나 도움이 되고자 하는 욕구를 표출하고 있다는 걸 알 수 있다. **'고마워'라는 말은 도움에 대한 욕구를 충족시킴과 동시에 상대방과의 관계를 더 강화시키는 말이다.**

'고마워, 감사해, 고맙습니다. 감사합니다'라는 말을 많이 쓸수록 문제에 대한 해결책이 나올 수 있다.

설득해서 정확한 답을 내는 것 중에 수학의 방정식만한 것이 있을까? 정확히 답이 딱 떨어지는 방정식을 감사메모를 하는 것에도 적용해 보았다.

하루에는 수많은 일들이 일어난다. 그 중에서 긍정적인 것도 있고, 부정적인 일들도 있다. 긍정적인 감정이 생길 때에는 한없이 기분이 좋기 때문에 문제가 없다. 문제는 부정적인 말이다. 긍정적인 말을 하려고 해도 결국 부정적인 말을 해버리는 무의식 때문에 고민하는 분들이 많다.

부정적인 기분이 들기 전에 긍정과 감사의 말을 쓰면 부정적인 말의 에너지가 많이 사라진다. 이것은 방정식의 답이 정확하게 딱 떨어지는 것과 같다.

사람의 감정을 빼앗아가는 마이너스적인 요소, 부정적인 말을 없앨 수 있는 강한 수학 공식이 있다. 플러스 에너지인 긍정적인 말을 사용하는 습관을 들이면 된다.

수학의 공식으로 말하자면 이렇게 표현 할 수 있을 것이다.

$1N + 2T = P$ (하나의 부정에다 2개의 감사를 더하면 긍정이 나온다.)

$P + Thanks = P_2$ ( 긍정에다 감사를 더하면 긍정이 2배수가 된다.)

$5x - 7 = 3x + 5$

$5x - 3x = 5 + 7$ (이항)

$2x = 12$ (동류항 정리)

다시 양변을 2로 나누면 $x = 6$ 일차방정식의 구조다.

여기서 $x$란 삶이 우리에게 던지는 질문이다. 어떤 긍정에다 $x$를 곱하고 거기에다 마이너스 요소인 부정적인 감정을 더해도 답은 긍정으로 나오게 되어 있다. 왜냐하면 말 속에서 가장 커다란 플러스 에너지를 가지고 있는 것이 "고맙습니다"이기 때문이다.

이 단어 하나만 있으면 삶에서 어떤 어려움이 와도 답을 긍정적으로 플러스 시킬 수 있는 에너지가 생긴다. 감사를 수학공식을 종이에다 써서 풀 듯, 그렇게 매일 메모해서 적어보면 이 세상에서 내가 받은 축복은 셀 수 없을 것이다. 인간의 생명 자체가 감사 자체이기 때문이다.

인간의 목숨은 그 어떤 것보다 중요하다고 했다. 살아 있어 숨을 쉬는 것만으로도 이미 셀 수 없는 축복을 받은 것이나 마찬가지다. 우리가 살아있지 않으면 이 모든 것을 어떻게 누리겠는가. 살아있기에 고민이 있고, 감사할 수 있고, 맛있는 것을 먹을 수 있고, 볼 수 있고, 누릴 수 있는 것이다.

《한걸음만 걸어도 나답게》의 발레리나 강수진은 그 누구도 흉내 내지 못한 자신만의 노력으로 세계인의 사랑을 받았다. 그는 기자와 인터뷰를 하든, 책을 쓰든 입에서 떨어지지 않는 말이 '감사'와 '행복'이다. 전체적으로 낙천적으로 삶을 산 발레리나가 독일의 인간 문화제가 되어 죽을 때까지 대우를 받을 수 있음에도 불구하고 한국의 국립발레단 예술 감독으로 왔다.

강수진은 50세가 되어 남편의 생일 선물을 위해 은퇴 공연 〈오네긴〉을 해서 사람들에게 큰 박수를 받았다.

"남편에게 감사하고 또 감사하다. 핑계대지 않고, 마지막까지 가장 강수진 다운 무대를 관객에게 선보일 수 있어서 감사합니다."라고 연신 말하는 그녀의 아름다운 모습에서 마이너스 에너지를 찾을 수 없다.

어떤 일이 있어도 사람을 아름답게 해주는 말, '감사합니다'를 머릿속에다 혹은 메모장에다 수시로 입력하던 삶에 마이너스 에너지를 플러스 에너지로 바꿀 수 있다. 이건 수학에서 답이 딱 떨어지는 방정식과도 같다. 틀림없다. '감사'라는 단어로 뇌에서 전환하기만 하면 모든 설득이나 도움, 삶의 의미와 목적, 그 외에 원하는 모든 것들을 다 가질 수 있다.

마지막 공연에서 강수진은 커튼 콜을 했다. 그대로 관객에게 인사를 하고 발레단 직원들에게 장미 꽃을 한송이씩 받고, 뒤를 쳐다보니 큰 스크린에 "사랑해요, 수진. 모든 것에 감사합니다. 당신을 사랑합니다. 언제나 그리울 겁니다. 행운이 가득하길 빕니다."라는 감사메모가 떠 있었다. 관중들도 전부 1,400개의 '고마워요. 수진(Danke Sue Jin)'이라는 감사카드를 들고 상상하지도 못할 감격의 이벤트를 해 주었다.

사람의 마음이 이보다 더 감격할 수 있었을까. 한 사람의 인생을 걸고, 모든 것을 다 쏟아 부은 발레라는 열정에 감사가 더해져 그녀의 삶은 인생 2막에 더욱 더 빛나리라. 세상에 성공한 사람들도 많고 그렇지 않은 사람들도 많다. 하지만, 대부분 어떤 분야에서 큰 빛을 보는 사람들은 긍정 에너지와 플러스 말인, '감사합니다'를 많이 사용한다. 감사메모를 우주에다 계속 보내고 있기 때문에 감사에 대한 보답이 반드시 삶에 나타난다.

강수진은 "한걸음을 걸어도 나인줄 알게 하라"고 사람들에게 말한다.

가장 나다운 나를 만들기 위해선 낙천적 사고와 감사의 말, 그리고 마이너스 에너지를 플러스 에너지로 바꾸는 자세가 중요하다.

헨리 데이비드 소로우는 "내가 어떤 사람인지는 뜨거운 여름날의 햇살만큼이나 분명하다. 나는 나다. 더도 말고 덜도 말고. 존재 자체가 그가 어떤 사람인지를 가장 잘 설명해준다. 내가 누구인지 설명하기 위해서 엉겅퀴가 옥수숫대가 될 때까지 가시를 모조리 뽑아야 하는가?"

있는 그대로의 나의 존재 자체로 살아 있어 감사하다. 세상에서 가장 중요한 사람은 바로 여러분이다. 그러니 자신에게 감사하자.

나 자신으로 존재하기 위해 감사메모 방정식을 사용한다. 그 누구도 따라올 수 없는 나를 만들기 위해서는 어떠한 마이너스의 에너지가 들어오더라도 우주에다 플러스 에너지인 감사메모를 적어서 보낸다. 꼭 종이가 아니라도 좋다. 어디에든 감사의 에너지를 전달한다. 세상에서 가장 나다운 나로 살아갈 수 있을 것이다. 수학의 방정식처럼 이 공식은 답이 딱 맞이 떨이짐에 틀림없다.

**지금 이 순간 감사한 점을 메모해보자.**

**1** 나는 _____해서 감사하다.

**2** 나는 _____점이 감사하다.

**3** 나는 _____걸 알아서 감사하다.

# 7
# 감사편지, 감사카드 쓰기

감사하는 마음이 감사할 일을 부른다.
무엇인가에 감사할 줄 알면
감사한 일이 우리 인생에 더 많이 흘러 들어온다.
- 마시 시모프 -

얼마 전 독자로부터 손으로 쓴 감사편지를 받았다. 나에 대한 감사한 점을 33가지 적어서 보내주었는데 읽는 내내 기분이 좋았다. 한 자 한 자 꾹꾹 눌러서 쓴 정성이 요즘처럼 손편지 안 쓰는 시대에 더욱 빛이 나서 감사했다. 혼자 읽기 아까워 가족에게 읽어주기도 했다.

- 남미 작가님의 존재에 감사합니다.

- 작가님께서 루이스 헤이의 책을 번역 출간해주셔서 감사합니다.

- 한국 미라클모닝 카페를 만들어주셔서 감사합니다.

- 제가 힘들었을 때 기꺼이 만나주시고 손잡아 주셔서 감사합니다.

- 꿈의 책을 창조해 주셔서 감사합니다.

- 다른 사람들의 꿈을 이루게 열성적으로 도와주시는 모습 정말 존경합니다. 감사합니다.

- 작가님 덕분에 아침형 인간이 되어가고 있습니다. 오전 5시에 일어나는 것이 편합니다. 감사합니다.

- 제가 올바른 방향으로 선택하도록 알려주시고 이끌어 주셔서 감사합니다.

- 한 사람이 아닌 한 가족이 변화하고 있습니다. 작가님의 사랑에 감사합니다.

- 살아가면서 꼭 알아야 하지만 그 누구도 알려주지 않았던 삶의 지혜를 알려주셔서 감사합니다.

평소 감사일기와 메모를 자주 쓰려고 의식적으로 노력한다. 그런 행동의 결과가 감사한 일들을 더 많이 끌어당기고 있다.

감사할 때 가족이 가장 먼저 생각나서 주로 남편과 아이들에게 감사를 많이 한다. 간단하게 포스트잇에다 남편과 아들 둘에 대한 감사한 점들을 3가지씩 적어서 아침에 일어나자마자 볼 수 있게 화장실 거울, 혹은 책상에다 붙여 놓는다. 아침에 일어나서 감사 포스트잇을 보고 환하게 웃을 가족의 모습을 상상하면서 감사할 점을 적는다. 가족에 대해 불평하는 마음이 사라졌다. 감사 포스트잇을 쓰면서 편지를 전하고 카드를 쓴다는 생각으로 상대방의 존재에 대해 고마운 점, 칭찬할 점들을 적다보면 마음이 따뜻해진다.

마음이 힘들거나 가족 간에 갈등이 있는 분들은 꼭 감사편지나 카드를 관계에 진심을 담아서 전해보자. 많은 문제가 눈 녹듯 사라질 것이다. 자신의 존재에 대해서 칭찬해주는데 좋아하지 않을 사람은 아무도 없다.

우리는 하루 세 끼 혹은 두 끼 정도 밥을 챙겨 먹는다. 끼니가 우리의 몸에 영양분을 채워주듯이 위로와 격려, 칭찬, 인정은 밥과 같다. 마음의 양식이 되어 마음을 살찌게 한다. 밥을 며칠 안 먹으면 배가 고프다. ==감사도 수시로 보충해주어야 마음이 안 고프다.==

'내가 참 괜찮은 사람'이라는 확신은 자신이 이 세상에 태어나서 존재할 가치가 있다는 걸 증명하는 것이다. 사람은 누구나 인정의 욕구가 있다. "잘 생겼다. 이쁘다"라는 외모에 대한 칭찬도 좋지만 존재 자체에 대한 감사함은 칭찬이 고래를 춤추게 하듯, 마음에 춤과 노래를 제공한다.

**내가 먼저 나에게 감사한다고 좋아한다고, 사랑한다고, 내가 있어 참 좋다고, 나는 잘 할 수 있으며, 나는 참 근사한 사람이라고 나에게 감사편지를 써보자. 그리고 그 편지를 나에게 붙여 보자.** 우편물로 받으면 더욱 새로울 것이다. 잔에 물이 넘쳐야 다른 사람들에게 물을 나누어줄 수 있다. 자신의 잔에 감사함이 텅 비어 있다면 다른 사람에게도 감사편지를 쓸 수 없다.

"곳간에서 인심난다."는 속담은 내가 가진 것이 많아야 비로소 내어줄 수 있다는 뜻이다. 먼저 자신에게 감사하자. '나는 괜찮은 사람이야.'라는 위로와 더 나아가서 상대방에게도 '당신은 참 괜찮은 사람이야'라고 감사와 위로를 전할 수 있을 것이다.

《365 Thank You(365 땡큐)》의 저자 존 클랠릭은 LA 주의 대법원 판사였다. 인생 최악의 시기에 너무 고통스러워 감사할 거리를 찾다가, 크리스마스 감사카드에서 삶의 중요한 가치를 깨달았다. 사람들에게 365일 동안 매일 감사할 거리를 찾아 하루에 한 장씩 감사편지를 365일 동안 전했다. 사랑하는 사람, 직장 동료, 가게

점원, 적대적인 관계에 있는 사람들에게도 손수 편지를 써서 감사한 마음을 전했다. 그 결과 저자는 삶의 모든 면에서 긍정적인 변화를 이끌어냈다. 자신의 삶과 주변 사람들을 바라보는 방식을 완전히 바꾸게 된다.

책을 쓰면서 지금까지 많은 분들로부터 받은 감사편지와 카드를 읽어 보았다. 카드를 꺼내서 삶에 지치거나 힘이 들 때 읽어본다. 행복한 기분이 드는 것은 편지와 카드 안에 보내는 사람의 마음과 정성이 들어 있을 것이기 때문이다.

"작가님, 안녕하세요. 와우~ 이렇게 만나다니 정말 어메이징한 오늘이네요. 감사해요. 눈물 콧물 쏟으며 작가님 책을 읽고 저만의 미라클모닝으로 행복한 아침을 맞이하고 있어요. 감사해요!! 선한 영향력 끼쳐 주셔서~ 실행하게 해주셔서 감사해요. 작가님의 선한 영향력 대한민국 곳곳에 퍼지길 바래요. 사랑하고, 감사해요."

감사일기와 메모를 하기 시작하고 편지를 자주 쓴다. 감사편지와 메모가 감사를 계속 끌어당긴다. 감사할 점들을 편지에 적으면서 느끼는 행복감은 이루 다 말할 수가 없다. 아이들에게도 사랑과 감사를 전하니 아들도 엄마에게 '감사합니다'는 말을 많이 한다. 밥을 먹어도 "맛있게 잘 먹었습니다. 감사하게 잘 먹었습니다", 엄마가 어떤 도움을 줘도 "고맙습니다"라고 표현을 한다. 가족의 행복은 지금 바로 이 순간, 감사하는 마음에서 피어난다. 먼저 내가 감사하기 시작하니 주변 사람들이 긍정적으로 변한다. 감사하기로 마음먹고 난 후, 나 자신에 대해 감사할 점들을 많이 적었다. 편지든 카드든 어디든지 종이에 적어보자.

자신을 사랑하고 자신에게 감사하는 사람은 지금 이곳이 행복으로 가는 길임을 알 수 있다. 과거와 미래가 아니라 지금에 존재할 수 있게 만드는 것도 감사다. 내가 누군가에게 위로가 되어 주고, 상대방도 나에게 위로와 격려를 해주는 밝은 사회가 될 수 있는 것이 감사편지와 카드 쓰기다. 주변에 감사한 분들께 감사편지와 카드를 써서 작은 음료수 하나라도 드리면 상대방의 마음에는 감사의 꽃이 피어난다. 그 꽃이 다른 사람들의 마음에 수정되어 더 많은 행복한 꽃이 피는 활동이 감사편지와 카드 쓰기다. 꼭 실천해보기 바란다.

**지금 이 순간 감사편지를 쓰고 싶은 사람에게 감사를 전한다.**

1 _____가 _____을 해줘서 감사합니다.
2 _____에게 _____에 대해 감사합니다.
3 _____해줘서 감사합니다.

# 8
## 나, 작, 지(나부터, 작은 것부터, 지금부터) 감사

**감사로 가득 찰 때마다
우리는 팽창하고, 진화하고, 성장한다.
- 존 디마티니 -**

예전에 발레리나 강수진의 강연을 들은 적이 있다. 50세인데도 아름다웠다. 그야말로 인형 같았다. 세계정상의 발레리나가 되기까지 도와준 수많은 분들에 대해서 감사한다는 말을 잊지 않았다. 혼자서는 그 무엇도 할 수 없다는 겸손함을 지녔다.

청소부와 경비원을 가장 존경한다고 한다. 연습을 하러 가거나 사무실에 들어갈 때 경비원에게 인사를 제일 먼저 한다는 강수진씨의 말을 들으며 나는 그녀의 성공 비결이 인간의 가치를 소중히 여기는 마음의 자세에 있다고 생각했다.

연신 "감사합니다." 라는 말을 뿜어내는 자세에서 그녀의 성공 원인이 여러 가지가 있겠지만, 아주 작은 것부터 자신부터 지금 할 수 있는 감사한 일들을 실천한 사람이라고 생각했다. 타인과 아랫 사람들을 존중할 줄 아는 사람이다. 선의의 경쟁을 통해서 타인에게 배우는 것을 적극적으로 실천하라고 했다.

지금은 한국에서 국립발레단 예술 단장을 맡고 있지만, 그 마저도 "행복하고 감사하다"는 말에서 삶에 대한 긍정과 감사를 배울 수 있었다.

살면서 슬럼프가 없는 사람들이 어디에 있겠는가. 강수진씨에게도 슬럼프가 왔고, 우울할 때마다 문의 뒤에 숨어 있으면 아무것도 더 나아지지 않는다는 생각에, 지금 나부터 할 수 있는 아주 작은 행동을 하기 시작했다고 한다.

문이 하나가 닫히면 그 문 뒤에 숨어 있으면 변하는 것은 아무 것도 없다. 적극적으로 문을 열라 했다.

"문을 열고 나오면 하나의 문이 또 다른 문을 열어주고, 또 다른 문이 열린다고, 삶에 대해 적극 긍정하고 감사하라"고 말했다.

슬럼프는 순간이지 영원한 것은 절대 아니니, 그 슬럼프가 당신을 더 깊은 그 무언가의 존재를 만들어 줄 것이라고 말했다. 마음을 밝고, 긍정적이고 감사하는 쪽으로 돌려보라 했다.

강수진씨는 세상에 굶주리고 장애가 있는 아이들의 기사를 자주 본다고 했다. 그 아이들은 아침에 눈을 뜨고 하루를 살 수가 있어서 감사한다. 옥수수 죽을 먹으면서도 싱글벙글 웃는 아이들, 목발을 짚고 다녀도 두 팔이 있어서 감사하다는 아이들을 볼 때마다 그녀는 그런 아이들도 있는데 자신은 행운아라고 생각한다.

무슨 걱정이 있겠느냐며 걱정하지 말고 괜찮다고 청중을 위로해주는 삶의 자세에 깊은 감명을 받았다.

자신부터 아주 작게 세상에 기여할 수 있는 노력은 오늘 지금을 완전히 살았기에 가능하다고 생각한다.

그녀가 처음부터 누구와 경쟁하려고 발버둥을 치고 큰 목표를 잡고, 무언가를 바랐더라면 지금의 아름다운 모습이 나오지 않았을 것이다. 자신부터 지금부터 아주 작게 30년 동안 꾸준히 감사하며 노력했기 때문에 역사에 남을 발레리나가 될 수 있었다.

"성공이란 반복되는 실패 가운데서 감사와 열정을 잃지 않는 능력이다"라고 윈스턴 처칠이 말했다.

세상에서 위대한 일을 해내는 사람들은 넘어지고 슬럼프에 빠지고 고통을 받아도 그 자리에서 자신이 할 수 있는 아주 작고, 나부터, 지금부터 할 수 있는 감사한 일들을 찾아 실천한 사람들이다.

　성공은 그냥 이루어지지 않는다. 나부터 지금부터 아주 작게 느리고 불편하게 걸어가는 거북이 같은 삶이 결국 인생의 목적지에서 행복하게 미소를 지을 것이다. 하루 한 개씩만 그 누군가에게 감사함을 전한다고 생각하고, 감사를 꼭 표현해보자. 그 대상이 자신일 수가 있다.
　자신의 이름을 부르면서 "~~야, 네가 오늘 이렇게 ~~해서 고맙구나."하고 감사하면 인간 존중의 마음이 생겨 모든 것을 긍정적으로 바라보게 되고, 심신이 안정되고 건강해지고 화나고 스트레스 받는 일들이 사라진다.

　강수진씨가 처음부터 끝까지 희망을 이야기 하고, 감사와 긍정을 이야기 하는 것을 들으며 그녀의 피나는 노력과 연습도 물론 세계적으로 성공하게 만들었지만, 이미 마음가짐과 삶의 철학에서 감사와 존경이 습관화된 사람이란 생각이 들었다. 좋은 인연들이 많이 다가오고, 삶을 변화시켜주는 선생님들을 만난 것도 준비가 된 사람이기 때문이라 생각했다.
　그녀가 한 말 중에서 "자신이 먼저 최고가 되어야지, 최고가 나타난다."는 말이 맞다.
　세상에 있는 모든 좋은 것들은 내가 지금 있는 이 자리에서 아주 작게, 사람들을 존중하고, 감사할 줄 아는 사람들의 작품이다. 삶을 긍정하며 자신 앞에 닥친 모든 일들을 긍정적으로 해나간다면 세상에서 가장 행복한 사람이 될 수 있다. 그런 사람들 주변에는 최고로 행복한 사람들이 나타날 것이기 때문이다.

삶이 힘들고 괴롭다고 생각될 때에는 나보다 더 못한 사람들이 있다는 걸 기억하고, 지금 숨을 쉴 수 있어서, 하루를 살아갈 수 있는 생명을 부여 받아서, 움직일 수 있어서, 볼 수 있는 걸 감사하게 생각하자. 이런 작은 것부터 감사하지 않으면 우리가 바라는 행복은 얻기 어렵다. 지금 이 순간 내가 할 수 있는 감사 실천은 무엇이 있을까?

**지금 감사한 점 3가지를 적어보자.**

**1** 나는 지금 _____해서 감사하다.

**2** 나는 지금 _____할 수 있어 감사하다.

**3** 나는 지금 _____여서 감사하다.

# 1
# 작은 감사습관이 큰 성공을 이룬다

**성공이라는 목표를 달성하기 위해서는
반드시 감사할 줄 아는 태도를 배워야 한다.**

**- 샤흐르 -**

성공한 사람들이 가장 중요하게 여기는 가치로서 긍정적인 자세를 꼽는다. 어떤 상황에서도 포기하지 않고, 다시 일어나서 도전하고, 또 넘어져도 일어나서 시도해보는 작은 행동들이 큰 성공을 가져온다.

성공학의 거장 나폴레온 힐은 《생각하라 그러면 부자가 되리라》에서 두려움이나 질투, 탐욕, 의심, 증오, 미신 같은 부정적인 사고에서 나와서 긍정적인 자세를 가질 때에만 생각한 바를 실천에 옮길 수 있고, 성공할 수 있다고 말했다.

끈질긴 신념과 어떤 상황에서도 포기하지 않는 정신 자세는 삶에 어떤 일이 닥치더라도 극복하는 힘을 준다. 한번도 실패하지 않는 사람은 없다. 오히려 성공한 사람들은 이 실패를 도약으로 삼아 더욱 힘차게 날아오른다. 실패는 잘 활용하면 큰 자산과 경험이 된다. 실패를 발판삼아 다음 도전에는 시행 착오를 줄일 수 있다.

성공을 위한 습관을 실천해야 함에도 불구하고 사람들은 좀처럼 긍정적인 자세를 유지하기 어렵다고 한다. 이유는 긍정적인 정신 자세에 도움이 되는 습관을 실천하지 않기 때문이다.

세상을 살아가는 이치에는 뭐든지 긍정적인 잠재력과 부정적인 잠재력이 항상 공존한다. 여기서 긍정을 선택한 것인가 부정을 선택할 것인가는 습관에 달려있다. 평소 생활하던 방식에서 불만을 느끼고 불평한다면 긍정을 하는 습관으로 돌아오라는 뜻이다. 어떤 행동이든 자신을 좀 더 기분 좋고, 행복하게 만드는 습관을 실천할 필요가 있다.

예를 들어 직장에서 상사에게 불만이 많아 그를 비난하고 싶은 마음이 생겨 부정적인 감정으로 돌아서는 찰나에 감사습관의 힘을 빌린다. 그래도 직장을 다닐 수가 있어서 감사하고, 나에게 부정적인 감정을 느끼게 해주어 바로 고칠 수 있는 선지식이 되어 주어서 감사하다고 바로 마음을 바꾼다.

상대가 있기에 내가 있어서 성장할 수 있다고 생각하자. 기존 습관과 반대로 생각한다면 비난받고 불평 받는 상황이 사라질 것이다.

"감사는 성공을 이끄는 중요한 동기부여이자 평범한 사람들의 성공 에너지의 근원이다"라고 큰 성공을 이룬 사람들은 말한다.

행복하고 성공한 사람들은 공통적으로 매일 하루도 빠지지 않고 감사할 점들을 일기장에 적는다. 물질적으로만 풍요한 사람들은 감사한 점을 적는 사람들도 있고, 그렇지 않은 사람들도 있다. 하지만, 물질과 정신이 모두 풍요로운 사람들은 반드시 감사를 적는다. 그것도 매일 습관처럼 적는다.

오프라 윈프리를 보자. 그녀는 매일 감사할 점 5개 적기를 10년 동안 한 것을 최고의 행복으로 여긴다.

인간은 정신을 마음대로 조절할 수가 있다. 감사연습을 습관처럼 하면 두려움이나 근심을 쉽게 떨쳐버릴 수 있다. 두려움이나 미신, 무지와 가난은 사람들이 싸워서 이길 수가 있는 것들인데 대부분 기존 습관에 져서 부정적인 감정이 이끄는 대로 살아간다. 하지만, 정신은 자유자재로 조절할 수 있기 때문에 어떤 것이든 체념대신 적극적으로 받아들이고 거기에서부터 내가 할 수 있는 것이 무엇인지를 찾아보도록 하자. 적극적으로 감사하며 실천한다면 좀 더 마음이 행복해질 것이다. 정신을 마음대로 조절할 수 있을 때 삶에 영향을 끼치는 그 어떤 상황도 조절할 수 있는 것이 인간 정신의 위대함이다.

감사하는 자세가 얼마나 중요한지 살펴보자.

주변 사람들이 당신을 어떤 사람으로 받아들이는가? 친구처럼 친근하게 생각하는가 아니면 낯선 사람으로서 거리를 두는가?

자신이 긍정적인가 부정적인 사람인가에 따라서 주변 사람들의 반응이 달라진다. 왜냐하면 본인 자신이 주변 사람들과의 인간관계를 결정짓는 유일한 사람이기 때문이다. 평소에 감사하는 습관을 자주 들이고, 모든 것에서 교훈을 얻는 사람이라면 긍정적인 사람이다.

이런 사람들은 대인관계에서도 성공하고 하는 일 모두에서 성공하여 큰 성공을 이룰 수 있다. 성공한 사람치고 긍정적이 아닌 사람이 없고, 감사하지 않는 사람이 없다.

==시인 헨리는 우리가 원하는 방향으로 삶을 계획하고, 그 계획에 따라서 잘 살아갈 수 있게 해주는 유일한 수단이 바로 감사하는==

정신이라고 했다. 그래서 감사하는 '나 자신이 나의 운명의 주인이고, 영혼의 선장'이라는 말을 남겼다.

감사하는 정신은 남이 대신해주는 것이 아니라 내가 스스로 하는 것이다. 그 습관이 운명을 바꿔준다. 긍정적인 삶의 자세만이 일상의 삶에서 큰 보상을 받는다. 어떤 일이 있어도 삶을 긍정하고 감사한다면 이 세상에서 웬만한 삶의 풍파는 막을 수 있다. 감사습관이 쌓이고 또 쌓이면 큰 성취를 이루어 성공할 수 있을 것이다.

지금 이 순간 감사한 점을 3가지 적어보자.

1 _____ 감사합니다.
2 _____ 감사합니다.
3 _____ 감사합니다.

# 2
# 주변에 사소한 것부터 감사하기 시작하라

감사하는 마음을 가지면

자신의 내면이나 주변의 상황을

긍정적으로 바라볼 수 있게 된다.

- 넬슨 -

최민수의 아내 강주은씨가 세바시에서 강연을 했다. 최민수라는 배우의 특성상 아내로서의 삶이 그리 평탄하지 않았을 것 같은데 의외로 강인한 여성임을 느꼈다. 자신의 행복이 그냥 만들어진 것이 아니며, "인생길에서 사소한 것부터 용기를 내야했다"고 말한다. 인생에는 보증이라는 것이 없고, 우리 자신에게 주어진 환경이 각각 다 틀리기 때문에 남을 쫓아가는 것은 아무 소용이 없다고 하면서 자신이 행복을 만드는 과정을 ECBL 4가지로 요약했다.

E(emptying me) - 나를 비우기
C(courage to embrace failure) - 실패를 끌어안을 용기
B(being thankful for all situations) - 어떤 일이 있어도 감사하는 마음
L(living with learning mindset) - 배움의 자세로 살기

고난과 역경 속에서도 자신을 비우고 주변의 사소한 것부터 감사할 수 있는 자세를 가진 여성의 당당함이 좋았다. 강주은씨의 마음 자세가 그냥 얻어진 것이 아니라 감사하는 노력에 의해서 만들어진 것이라 생각하여 그를 다시 보게 되었다.

**잘 사는 일을 그렇게 복잡하게 생각하지 않고 간단하게 나만의 규칙을 정해 어떤 일에도 감사하는 마음으로 교훈을 얻고 배운다 생각하면 어떤 상황도 잘 헤쳐 나갈 수 있다.**

일생을 행복하게 살기 위해선 주변의 아주 소소한 것부터 사랑할 수 있고, 감사할 줄 아는 마음 자세가 필요하다. 항상 똑같은 하루 같지만, 가만히 살펴보면 매일 뜨는 태양에서부터 우리가 걷는 발걸음 하나가 어제와 똑같은 것이 단 하나도 없다. 이미 과거는

지나갔고 오늘은 새로운 날이다. 새로운 날이 미래로 이어져 새로운 나를 만든다. 그 과정에서 새로운 것, 어제와 다른 사소한 차이와 신기한 일들에 내 마음의 안테나를 연결한다. 감사하고 감탄하고 감동할 수 있는 사람이 삶을 행복하게 산다.

행복을 부르는 사소한 행동들은 주변의 작은 것부터 감사하며 시작할 수 있다. 쾌할하고 긍정적이며 감동적인 노래와 강연과 글들을 접한다. 행복의 고속도로인 감사일기를 주변의 사소한 것부터 세세하게 적는다. 예를 들어 오늘 하루 무사히 일어난 것부터 시작해서 매일 마시는 물에도 감사할 수 있고, 소중한 가족에게 감사할 수도 있고, 살아서 숨 쉬는 것부터 감사하기 시작한다.

'감사합니다'라는 말은 '기적을 낳는 언어'이다. 감사하다고 말할 때, 상대방으로부터 '감사하다'는 말을 들을 때 마음속에 얼어붙은 얼음이 살살 녹는다. 사람과 사람이 깊은 곳에서부터 통할 수 있다. 김상운 저자는 《리듬》에서 상대방의 어떠한 어두운 마음도 리듬을 맞추며 "감사합니다. 미안합니다. 용서합니다."라는 말을 계속할 때 사라진다고 말했다. 주변에서 일어나는 사소한 부모와 자녀의 갈등도 상대방의 기분에 리듬을 맞추며 무조건 "감사합니다. 미안합니다. 용서합니다"는 말을 많이 한다. 그러면 어두웠던 문제가 사라진다. 그 원리가 호오포노포노 원리와 비슷하다.

호오포노포노(미안해요. 감사해요. 사랑해요. 용서해요.)란 말은 고대 하와이인들이 쓰는 말로 '호오'란 말은 '원인'이란 뜻이고, '포노포노'는 '완벽함'이란 뜻이다. 고대 하와이인들은 과거의 기억에 의해 잘못된 관념이 생겨난 것으로 보고, 그 기억을 완벽하게 정화시킬 수 있는 말이 '고맙습니다'라고 믿었다. '고맙습니다'라는 말을 신이 주신 언어라고 생각하여 자신에게 은혜를 베푼 사람에게 가서 '고맙습니다' 말을 하는 것뿐만이 아니라 스스로에게 그렇게 외쳤다. 그래서 마음의 균형을 되찾게 되었고, 원래 인간의 진실한 상태인 완벽한 상태로 돌아가 병도 낫고, 행복하고 평화로워졌다.

'감사합니다'라는 말은 비폭력의 언어다. 어떤 마음의 폭력도 사라지게 할 수 있는 마법의 언어다. '감사합니다'라는 말에는 상대방을 존경한다는 뜻이 담겨있다. 인생에 대한 커다란 긍정이 있으니 자주 쓰는 것이 좋다. 살면서 자신이 얼마나 많은 도움을 받고 사는지를 세어보면 헤아릴 수 없을 것이다. 주변의 사소한 것들이 나 혼자 만들 수 있는 게 하나도 없다. 인간으로 태어난 이상 사회 속에서 함께 도움을 받고 살아야 한다. 많은 주위의 사람들과 사물의 도움을 받고 그것이 당연한 것이 아니라 아주 사소한 것이라도 감사할 줄 알며 사는 사람이 더 큰 기쁨과 행복을 맛볼 수 있다. 행복하니까 감사하는 것이 아니라, 감사하면 행복해진다. 주변의 사소한 것부터 조금씩 감사하면 내면의 공허함, 우울함, 부정적인 감정이 많이 사라진다.

자신이 행복하지 못하다고 생각하여 부정적인 생각에 빠지고 부정적인 언어를 많이 사용하는 사람은 행복을 얻기가 어렵다. 생각과 말, 행동이 바뀌어야 행복지수가 높아진다. 그러나 당신이 행복습관을 실천하지 않으면 부정적인 성향으로 되돌아갈 수 있으니, 매 순간 사소한 것에도 '감사합니다'라는 말을 자주 하자. 모든 것은 생각이고 생각이 말을 낳고, 말이 행동하게 한다.

행복이란 무엇인가? 신경과학자, 정신의학자, 경제학자, 긍정 심리학자, 불교 승려들 사이에서 합의된 정의는 행복은 가슴이 터질 듯이 '환희'에 찬 상태라기보다는 '일상에 만족을 느끼며 느긋해하는 상태'다. 행복은 거창한 것이 아니다. **주변에 사소한 것에도 감동하고 감사할 줄 알고 현재 상황에 만족하는 것이 행복이다.**

주어진 상황을 긍정적으로 생각하고 말하는 것만으로도 행복을 크게 증가시킬 수 있다. 주변에 '감사합니다'라는 말을 많이 하는 사람들과 이야기를 나누어본 적이 있는가. 그런 사람들이 주변에 있으면 행운이다. 나의 기분을 덩달아 즐겁게 해줄 수 있는 긍정 에너지가 가득한 사람일테니까.

《기적 수업(A Course in Miracles)》에서는 자신이 온전하다고 생각하는 사람은 주변에 아무런 요구를 하지 않는다고 말한다. 행복한 사람은 자신이 온전하고 완전한 존재라고 생각하기 때문에 남에게 어떠한 요구를 하지 않고, 피해도 입히지 않는다. 행복할수록 남에게 피해를 주지 않는다. 공감과 이해심이 많기 때문에 상대방이 잘되고 행복하길 바란다. 이 모든 것이 감사하는 마음에서 나온다면 지금 당장 감사하지 않을 이유가 있을까.

무언가를 잘 하기 위해서는 끊임없는 연습과 노력이 필요하듯 행복도 주변에 사소한 것부터 감사하려는 노력에서부터 시작된다. 우리가 살고 있는 이 땅에서부터 내가 사는 나라, 내가 입는 옷, 마실 수 있는 물, 자유롭게 어디든지 갈 수 있는 두 다리, 글씨를 쓸 수 있는 손, 사람들과 대화할 수 있는 입, 주변 이웃의 따뜻한 인사 한마디 등 주변 사소한 것부터 감사하기를 실천한다. 그러면 세상을 바라보는 눈이 달라지며 행복지수가 오를 것이다. 부정적인 마음은 어느새 사라지고 그 자리에 긍정과 행복 감정으로 삶을 더 풍성하고 기쁘게 살 수 있을 것이다.

지금 감사한 점 3가지를 써보자.

1 _____해서 감사합니다.

2 _____를 보니 감사합니다.

3 _____를 알게 되어 감사합니다.

# 3
# 감사하는 습관으로 성격을 긍정적으로 만들자

**하루하루 일상에서 좋은 일들을 찾아내고
감사하는 것은 우리의 무한한 잠재력을 모으는 시초가 된다.**
- 데보라 노빌 -

노벨 문학상을 받은 아이작 바셰비스 싱어는 이렇게 말했다.

"만약 앞으로 상황이 더 나빠질 것이라고 말하면, 당신은 나쁜 일을 끌어오는 예언자가 될 가능성이 많다. 이 말은 반대도 마찬가지이다. 상황이 점점 더 좋아질 것이라는 말을 하고 감사하면 결국 좋은 일이 벌어질 것이다. 그러면 당신은 점점 더 행복해질 것이다."

성격을 고치기는 쉽지 않다. 오죽하면 세 살 버릇 여든까지 간다고 말을 했을까. 한번 형성된 성격은 바꾸기는 어렵지만, 삶을 대하는 태도는 바꿀 수 있다. 언제라도 삶을 긍정할 수 있게 된다면 이 세상의 성격적 결함으로 인한 문제들은 해결될 수 있다.

무엇보다도 노력이 필요하다. 불평하는 마음을 감사하는 마음으로 고치기 위해서는 감사습관을 지속하는 것이 행복한 삶의 지름길이다. 매 순간 감사일기를 마음속에 써도 좋고, 기억에 남는 감사할 점들을 메모해 두었다가 생각나는 친구와 가족, 부모님, 남편, 아내에게 보내면 주변이 행복하고 긍정적으로 바뀐다. 나는 매일 카페의 회원들에게 감사 문자를 보낸다. 그런 행동을 한 날과 안한 날의 에너지 차이를 느낀다. 당연히 보내는 날이 긍정적인 기운이 넘친다. 아침마다 긍정의 자기 주문을 말로 하기도 하고 쓰기도 한다. '어떤 사람과 상황도 두려워하지 않는 강인함을 가져서 감사합니다.' 이런 말을 쓴 날과 쓰지 않는 날이 차이가 난다. 자기 주문을 하고 하루를 살면 성격이 강인한 쪽으로 바뀐다. 좋은 말을 자신에게 계속하는 것은 긍정적인 성격 형성에 좋다. 아이작 바셰비스 싱어가 말한 상황이 점점 더 좋아질 것이라는 믿음을 가지고 '감사합니다'로 마무리 지으며 하루를 살아갈 힘을 얻는다.

감사하는 열정으로 성격을 긍정적으로 바꿀 수 있다고 자신에게 강한 암시를 준다. 예를 들어 "나는 날마다 모든 면에서 점점 더 나아지고 있다"고 심리적으로 강력한 힘을 발휘할 수 있는 문구를 한 문장으로 만들어서 벽에다 붙인다. "행복해서 감사합니다. 풍족해서 감사합니다. 운이 좋아 감사합니다. 충분해서 감사합니다"라는 문구를 포스트잇에다 적어 벽에 붙여서 볼 때마다 마음속에 인식시킨다. '감사합니다'는 말은 강력한 힘을 가지고 있다. 이미 그 일이 이루어진 것처럼 사실적으로 묘사하기 때문에 긍정적인 성격 형성에 도움 된다.

매일 감사명상을 하는 것도 좋다. 마음을 훈련시키고 생각을 잘 정돈하게 만들어주는 명상요법 중에 가장 강력한 것이 감사명상이다. **수많은 연구조사에서 명상이 혈류 속 엔도르핀의 방출효과가 크다고 밝혀졌다.** 감사명상을 통해서 이미 나는 행복한 사람이란 생각이 들면서 말하는 방법과 체험들을 서술하는 방식이 자동적으로 달라진다. 더 긍정적이 되고 삶에 감사할 줄 아는 사람으로 바뀐다. 즐거움, 공감, 고마움 등이 가득 담긴 말을 하고, 불평하거나 자기 연민에 빠지지 않게 된다.

매일 아침 몇 초라도 좋으니 조용한 곳에서 마음을 가라앉히고 심호흡을 하면서 오늘 하루 감사한 점이 무엇이 있는지 명상해 본다. 《바가바드 기타》에서는 "마음은 훈련하는 대로 간다"고 했다. 마음 훈련이 세상에서 가장 중요한 것이라고 우선 순위를 두고 명상을 하거나 감사메모를 한다. 혼자 하기 힘들면 스마트 폰의 유튜브 검색에서 '감사명상'을 입력하면 수많은 자료들이 나온다. 그것들 중에서 하나를 클릭해서 잠시라도 감사명상을 하면 복잡하고 부정적이었던 마음과 생각이 긍정적으로 바뀔 것이다. 이를 지속한다면 내 성격과 운명도 바꿀 수 있다.

이해인 수녀님의 시집 《작은 기도》의 어떤 기도에는 이런 말이 나온다.

적어도 하루에
여섯 번은 감사하자고
예쁜 공책에 적었다.

하늘을 보는 것
바다를 보는 것
숲을 보는 것만으로도
고마운 기쁨이라고
그래서 새롭게
노래하자고……

먼 길을 함께 할 길벗이 있음은

얼마나 고마운 일인가

기쁜 일이 있으면

기뻐서 감사하고

슬픈 일이 있으면

슬픔 중에도 감사하자고

그러면 다시 새 힘이 생긴다고

내 마음의 공책에

오늘도 다시 쓴다.

행복하고 평화로운 마음을 누구나 성격으로 굳히고 싶어 한다. 마음속에서 끝임 없이 생각의 전쟁이 일어난다. 이런 마음을 누구나 가지고 있다. 이해인 수녀님은 생각이 항상 평화롭지 않다는 걸 알기에 끊임없이 공책에 감사한 일들을 글로 남겼을 것이다. 우리도 매 순간 삶을 살아가면서 부정적인 나를 바꾸고자 한다면 불평하기보다는 감사하는 마음으로 감사메모와 명상을 자주 해보는 것은 하는 것은 어떨까?

지금 이 순간 감사한 점을 적어보자.

1 _____ 해서 감사합니다.

2 _____ 해서 감사합니다.

3 _____ 라서 감사합니다.

# 4
# 100감사에 도전하라

 《100감사로 행복해진 지미이야기》의 책 표지를 처음 봤을 때 100이란 숫자에 주목했다. 나는 100번씩 100일 동안 소원 하나를 정해 매일 쓰고 있다. 100일 후 반드시 그 소원이 이루어지는 것을 경험했다. 100감사로 행복해진 지미씨의 이야기가 궁금했다.

 책을 읽는 동안에 100가지 감사할 거리를 찾고, 없으면 쥐어짜서라도 감사하려고 노력하는 유지미 작가에게 감명 받았다.

 똑같은 감사가 아니라 매일 다른 감사할 점을 100가지를 적는다는 사람을 보니 흥미로웠다. 100감사만으로 까칠하고 차갑고 직장에서 불평이 많던 사람이 긍정적이고 삶을 행복하게 살게 되는 변화를 이뤄냈다.

　나도 감사일기를 쓰긴 쓰지만, 하루에 많을 때에는 50가지 정도를 적기도 하는데 100가지는 정말 노력하지 않으면 쓰기가 어렵다. 그래서 마음먹고 100가지 감사할 점을 남편에게 편지지에다 써서 전해주었다. 남편이 감명 받았다. 기존에도 괜찮은 남편이었지만, 더 잘 해준다. 신기한 경험이었다. 100가지 상대에 대해서 감사한 점을 적어서 편지로 전해준 것뿐인데 상대방이 바뀐다. 카페의 회원님들도 남편에게 100감사를 전해주니 아주 좋아하더라는 이야기를 들었나.

　긍정 에너지가 전달이 되어서일까? 그 이후에도 매일 100가지 감사보다 꾸준히 평생 감사를 실천하자고 생각하여 어디든지 떠오르는 대로 감사한 점들을 많이 적는다.

　문득문득 과거의 엄마가 나에게 잘 해준 것도 많지만, 서운한 점들이 떠오를 때에는 100감사를 적어본다. 감사 공책을 꺼내서 1번부터 100번까지 엄마가 나에게 잘 해준 점을 100가지 적다보면 그 자리에서 서운함과 불만이었던 점들이 사라진다.

　신기하게 부정적인 생각이 사라지는 것을 보고, 100감사의 위력을 알고 체험하고 있는 중이다.


　사람은 보통 한 가지 생각밖에 할 수 없다. 즉, 긍정적인 생각을 하고 있을 때에는 긍정적인 감정이 나를 기분 좋게 하지만, 부정적인 생각을 하고 있을 때에는 부정적인 감정이 나를 불편하게 한다. 긍정과 부정이 동시에 존재할 수 없다. 그러니 감사할 때에는 부정적인 생각을 할 수가 없는 것이 100감사의 놀라운 효과이다. 100번이나 사람과 상황에 감사하면 모든 에너지가 긍정으로 바뀐다. 현재의 상황이 좋은 사람이면 미래는 더 좋아질 것이라고 생각하고 100감사를 적어보자. 그렇게 말하고 믿으면 신기하게도 주변의 모든 환경이 긍정적으로 바뀐다.

불평이 많거나 불만이 많은 사람도 지금 당장 노트를 꺼내자. 100가지 불평의 상황에서도 100가지 긍정할 수 있는 사항들이 분명 존재한다. 그것을 적어보도록 한다.

알버트 아인슈타인은 "상상력이 가장 중요하다. 그것은 장래의 황홀한 모습을 우리에게 보여준다."고 말했다.

자신의 마음속으로 상상한 것은 앞으로 미래에 일어날 일의 예고다. 즉, 불평 상황을 감사로 전환할 때 앞으로 나타날 미래의 모습은 긍정적으로 흘러갈 수 있다. 앞으로 미래의 모습이 감사로 행복한가, 아니면 불행한 모습으로 불평하고 있는가?

긍정 심리학의 대가 마틴 셀리그만 박사는 행복한 사람과 불행한 사람들을 관찰한 결과, 그들은 어떤 것에 대해 설명하는 방식이 현저히 다르다고 말한다. ==즉 행복한 사람은 자신과 남에게 기분 좋은 방식으로 사물을 설명한다. 하지만 불행한 사람은 아주 기분 나쁜 방식으로 불평하면서 설명한다고 한다.==

감사는 세상을 행복하게 보게 해준다. 당연히 부정적인 감정은 사라져서 행복지수가 더 높아진다. 한 가지가 아니라 매일 100가지를 감사하면 삶이 어떻게 변할까?

타인에 대한 100감사를 찾기 힘들면 먼저 나에 대해서 100가지 감사할 점늘을 적어본다. 혼사 있을 내 사신을 항상 긍징직인 이야기로 감사할 점들을 적어본다. 그리고 그것을 매일 읽어본다.

샤워할 때, 운전할 때, 걸어갈 때, 그밖에 혼자 있을 때 살면서 감사했던 모든 점 100가지를 적어본다. 과거뿐만 아니라 앞으로 미래에 되고 싶은 모습도 미리 감사하면 그렇게 될 가능성이 높아진다. 감사의 위력을 믿어보고 그것을 밖으로 꺼내서 말해보고, 써보고, 이야기 해보면 그 에너지가 현실로 구체화되어 나타난다.

주변에 100감사를 쓰는 사람들을 종종 보았다. 어떤 분들은 100감사를 한문으로 적기도 하고, 생각날 때마다 지금 상황에서 감사할 일들을 100가지 적어보면 그냥 모든 것에 대해 다 감사하게 된다고 말하는 지인도 있다.

100번씩 100일 동안 이루고 싶은 꿈이나 목표를 쓰는 것도 자신을 변화시킨다. 거기에다 감사까지 하게 되면 안 바뀌는 현실은 있을 수 없다. 왜냐하면 100번씩 100일을 써보는 일과 되뇌는 일은 누구라도 하기 힘든 일이기 때문이다. 하지만 이 어려운 일을 해냈을 때의 보상은 달콤하다.

삶이 너무 괴롭고 힘든가? 그럼 내가 원하는 바를 명확히 해서 100번씩 100일 동안 감사할 점들을 써보자. 하루에 100가지 100일 동안 감사한 점을 쓰면 1만 번의 법칙이 적용된다. 반드시 원하는 것이 이루어진다.

과연 100감사와 목표 적기가 행복을 가져다줄까? 우리는 세상을 어떻게 보느냐에 따라 지금의 상황이 달라진다. 왜냐하면 세상은 오직 현재밖에 없다. 과거의 생각은 이미 지나가서 환상이고 존재하지 않는다. 미래도 오지 않았다. 하지만 지금 이 순간만이 내가 잡을 수 있는 것이고, 지금을 어떻게 보내느냐에 따라서 내 미래와 과거가 완전히 달라진다. 즉, 지금 이 순간을 감사로 채우면 그 모든 과거의 부정적인 경험과 생각, 미래의 일들이 전부 행복으로 바뀐다. 100감사를 실천해 보자.

> **100가지 감사한 점을 간단하게 메모해 보자.**
>
> 100가지 감사한 점을 찾아 272쪽의 100감사노트에 연습해보자.

# 5
# 행복하기 원한다면 감사습관을 지속하자

**감사는 우리를 행복하게 만들 수 있는 가장 간단한 습관이다.**

**- 오스카 와일드 -**

인디언들은 기우제를 지내면 100% 비가 내린다고 한다. 어떻게 가능할까? 비가 내릴 때까지 기우제를 지내기 때문이다.

어떤 행동을 지속하면 좋든 나쁘든 결과가 나온다. 나쁜 습관을 지속하는 사람은 나쁜 생각을 하기 때문에 이루어지고 좋은 생각을 하는 사람은 좋은 생각을 하기 때문에 그 모든 것이 이루어진다. 생각은 현실을 창조하는 힘이 있다.

인생을 정말 바꾸고자 한다면 좋은 습관을 들여야 한다. 어떤 습관도 좋게 바꿀 수 있는 습관이 바로 감사습관이다. 많은 사람들이 행복해지길 원한다. 그러나 행복을 위한 습관을 지속하지 못하는 이유는 사실은 행복보다 불행이나 고통을 즐기고 있기 때문이다. 고통스러우면 반드시 빠져나오기 위한 방법을 찾는다. 행복하려면 행복에 도움이 되는 감사습관을 실천해야 한다. 습관은 한번으로 끝나는 게 아니다. 지속하는 것이 습관이다.

하버드 대학교 심리학자 윌리엄 제임스와 고대 철학자 아리스토텔레스는 인간이 하는 행위의 99%가 습관에서 나온다고 했다. 그만큼 습관은 통제하기가 어려운 것인데 운명을 만들 정도라고 하니 우리가 지금 바꾸지 않으면 어떤 운명을 맞이하게 될까?

감사할 수 있는 행위와 그냥 불평하면서 부정적인 감정으로 지낼 수 있는 행위 중간에 '사이'가 있다. 이 중간 사이에 구체적으로 감사하겠다는 의지와 행동이 필요하다. 예를 들어서 불평하고 부정적인 감정이 감지되면 그 사이에 바로 감사메모장을 꺼내거나 스마트폰의 어디라도 좋으니 그 상황에서 감사할 점들을 간단하게 적는다.

오늘 비가 와서 기분이 나쁠 것 같으면 바로 그 감정이 들어오는 사이에 감사일기장을 꺼내서 "그래도 비가 와서 식물들이 숨을 쉴 수 있어서 감사하다. 미세먼지가 씻기니 감사하다. 오랫동안 가

몸에 단비가 내려서 기분이 좋아 감사하다."

이렇게 말하거나 생각하거나 노트에다 쓴다. 그러면 그 순간의 에너지가 부정에서 긍정으로 바뀐다. 감사를 더 많이 쓰면 쓸수록 행복 에너지가 나올 수 있다.

감사습관의 본질은 감사하는 신념이다. '나도 감사할 수 있다'는 믿음을 먼저 스스로에게 주입시킨다. 이 책을 읽는 독자들은 그래도 삶을 더 좋게 변화시키기 위해서 책을 읽고 있는 것이다.

여기에다 감사습관을 계속 실천한다면 삶은 더 풍요로워질 것이다. 나 자신이 '할 수 있다'는 신념이 중요하다.

우리는 세상에 투털대고 불평하기 위해서 태어난 사람들이 아니다. 우리는 행복하기 위해서 태어났다. 삶에서 원하는 것이 행복인데 불평의 습관을 지속하면 운명이 그쪽으로 기운다. ==습관은 신념이다. 나에게 강하게 '할 수 있다'는 주문을 걸어보자.==

불평과 불만을 입에 달고 사는 사람들은 원하지 않는 것, 싫어하는 것, 할 수 없는 일에만 집중하기 때문에 할 수 없게 되고, 또 그런 것들을 삶에 많이 끌어들여 와서 불행을 자초한다.

습관은 강한 신념이다. 신념은 엄청난 힘을 가지고 있다. 신념이 없으면 원하는 습관을 들이기가 힘들다. 기왕이면 '할 수 있다'는 신념을 들여서 감사하자. 감사하면 세상이 달라 보인다. 에너지를 행복으로 순식간에 바꿔준다.

아무리 사소한 감사라도 상관없다. 도중에 내팽개치지 말고, 단념하지 말고 어떻게 해서든 지속하라. 뇌는 의식적이건 무의식적이건 상관없이 반복적으로 하는 일이 중요한 것이라고 생각하여 기억의 창고에 저장해둔다.

감사습관을 지속하기만 하면 뇌가 행복을 위한 아주 중요한 행위이니 잘 기억하고 있다가 위급한 상황에서 감사가 튀어나오게 하여 모든 주변 환경을 행복으로 갈 수 있게 만든다.

"어떤 상황에서도 계속하는 것이 보통 사람을 특별한 사람으로 만들어준다."라고 영국 ITV 오디션 프로그램 '브리튼즈 갓 탤런트' 2007년 우승자인 폴포츠가 말했다.

어떠한 역경에서도 자신이 가장 가치 있다고 생각하는 신념을 지속하면 반드시 큰 보상이 주어진다. 지금의 삶이 무미건조하고 보통 좋지도 않고 나쁘지도 않은 그저 그런 상태라면 감사습관을 지속해보자. 보통 사람을 특별한 사람으로 만들어 행복하게 해 줄 수 있는 습관이 '감사하기'다. 그 습관을 지속하기만 하면 반드시 행복해진다.

어느 고등학교에 육상부가 있었다. 육상 코치가 아이들에게 자신이 매일 할 수 있는 일을 찾아 꾸준히 지속하기 숙제를 내주었다.

어떤 여학생이 자신이 매일 할 수 있는 일은 엄마를 대신해서 설거지를 할 수 있다고 대답했다. 그러고선 하루도 거르지 않고 매일 부모님께 감사하며 설거지를 했다. 이 학생이 어떻게 되었을까? 전국 육상대회에서 자신의 신기록을 달성하며 우승을 차지했다.

어떻게 이런 일이 가능한 것일까? 설거지를 매일 한다고 체력이 더 키워지거나 실력이 향상되지는 않는다. 하지만, 어떤 일을 감사하며 지속했더니 할 수 있다는 자신감이 생겼다. 자신의 신념을 바꾼 것이다. 지속하는 습관에는 이런 힘이 있다. 거기에다 이 학생은 부모님께 감사한 마음까지 냈기 때문에 행복호르몬인 세로토닌이 더 많이 나왔을 것이다.

행복하기 위한 감사습관을 지속할 수 있는 방법을 제시해 본다.

1. 행복을 책임지는 인생의 운전사는 바로 나 자신이다. 나 자신에게 매일 먼저 감사하자.

2. 인생 길을 갈 때 운전하여 가는 방향은 올바른 비전과 꿈, 감사에 집중하여 지속하기다.

3. 행복한 감사 연료를 충분히 주입한다.

4. 주변에 감사할 사람들을 많이 동참하게 하여 함께 내 인생의 꿈의 차에 타게 한다.

5. 불평, 불만으로 자신의 에너지를 빼앗아 가는 사람들은 접근 금지하게 한다.

중요한 것은 감사가 행복 에너지를 많이 나오게 하지만, 지속하는 것이 더 바람직하다. 한번의 행동으로는 습관이 되기 어렵다. 무엇이든 꾸준히 지속하는 것이 더 좋다. 작게 감사하는 편이 크게 한번 감사하고 그만하는 것보다 낫다. 하루에 한 줄이라도 좋다. 감사습관을 지속하여 나와 우리 가족은 물론 지역사회 나아가 국가가 변할 수 있는 그런 큰 계기를 스스로에게 만들어주자.

지금 이 순간 감사할 점 3가지를 적어보자.

1 _____해서 감사합니다.
2 나는 _____해서 감사합니다.
3 나는 _____를 배워 감사합니다.

# 6
# 감사렌즈로 갈아 끼우자

**감사는 우리의 부정적, 비판적 자아를 눈 녹여내듯,**

**양육적 자아로 항해하기 시작한다.**

- 마틴 셀리그만 -

큰 아들이 안경을 잃어버려서 안경점을 오랜만에 방문했다. 나는 안경을 끼다가 라식을 해서 안경 살 일이 없어 몇 년 만에 안경 가게를 가보니 렌즈의 종류도 많고, 선글라스의 색도 다양했다. 누진다촛점렌즈 등 안경의 발전이 놀라보게 달라졌다. 안경원에서 본 카피 문구가 마음에 들었다. "안경은 인생을 바꾼다." 크게 따라 읽어봤다. 안경은 실제로 개인의 인생을 바꿔주는 위대한 발명품이다. 보이지 않던 눈을 렌즈 하나와 안경테로 잘 보이게 해주기 때문이다.

감사도 마찬가지이다. 우리가 사물을 볼 때 불평과 부정적인 면만을 보는, 우리의 감정과 마음의 시야를 어둡게 만들게 하는 검정렌즈가 아니라, 환하게 보이게 해주는 밝고 맑은 투명한 렌즈가 감사다. 살면서 어려운 일들이 있을 수 있다. 이때 내 눈의 렌즈를 어두운 렌즈로 끼워 어두운 면만을 본다면, 바로 그때 새로운 밝고 투명 감사 안경 렌즈로 바꾸라는 신호로 알아차리자.

요즘은 햇빛으로 나오면 바로 선글라스 기능으로 바꾸어 눈을 보호해주는 렌즈가 있다. 그 안경의 렌즈처럼, 내가 스스로 감정을 자유자재로 조절할 수 있는 것이 감사다.

감사를 의도적으로 많이 하면 항상 감사렌즈를 끼고 있는 것 같아 삶이 행복하고, 시야가 맑으며 감정이 자유롭다. 감사하는 습관은 건강에도 좋으니, 감사하는 마음의 렌즈로 항상 갈아 끼자. 방법은 불평할 상황에서 '감사렌즈'라고 외쳐본다. 바로 인식이 긍정적으로 바뀐다. 감사하는 마음은 부교감신경이 강화되고 면역력이 좋아져서 사물들을 긍정적으로 바라볼 뿐만 아니라 생활의 모든 면들을 아름답게 만들 수 있다. 감사렌즈로 갈아 끼우면 투명한 유리창처럼, 내면이 밝게 보인다.

만일 당신이 감사라는 렌즈를 통해서 사물을 인식하고, 해석할 수 있다면 삶에 좋은 것들을 많이 끌어당길 수 있다. 인생은 일곱 빛깔 무지개다. 하나의 색으로 색칠되는 것이 아닌 여러 가지 색깔로 그려진다. 때로는 우울하기도 했다가 밝은 마음으로 갔다가 또 중간색이었다가 여러 색깔로 감정이 변한다. 그렇게 갈대처럼 자주 흔들리고 카멜레온이 색을 바꾸듯, 여러 가지 색이 바뀌는 마음이 싫어서 자신을 자책할 때가 많은 사람들에게, 감사라는 인생의 가장 좋은 색깔로 갈아입어서 중심을 잡으라고 말하고자 한다. 언제라도 행복한 마음의 상태로 돌아올 수 있게 된다.

살면서 어떻게 좋은 일만 생기겠는가. 때론 어두운 색으로 지친 모습을 하고 다니는 것이 인간의 삶이다. 때로는 어색하게 웃고, 내면은 어두운데 밝은 척해야 하는 괴리감, 때론 더 이상 한 발짝도 못나가고 희망을 잃게 만드는 주변 환경에 고통 받고 불평하고 있다면, 단 하나의 처방이 행복하게 해줄 것이다. **내가 그동안 받은 축복을 세어보는 것이다. 감사에 집중하고 살면서 감사한 점을 하나라도 찾기 시작하면 그 다음부터는 희망이 보인다. 이 세상에 태어나서 살아간다는 자체가 감사다. 소중한 생명을 가지고 태어난 우리는 누군가의 보살핌이 없었으면 지금 이 책을 읽을 수도 없다.** 아프리카의 죽어가는 아이들에 비하면 우리는 정말 행복한 것이다. 이렇게 사소한 것에서부터 감사렌즈를 끼고 바라보자.

내 세상에서 하나뿐인 인생의 무지개를 그리는 사람은 다름 아닌 나다. 내가 내 인생의 색깔을 칠한다. 그러나 우리는 너무도 많이 내 인생을 타자의 삶에 비춰보는 안경 렌즈를 가지고 있다. 내 눈은 내 것이고 내 시야에서 봐야하는데 타인의 안경을 나에게 쓰려고 하니 눈이 잘 안 보이고 타인의 삶을 사는 어색한 인생으로 산다. 내 인생을 행복하게 바꾸고 싶다면 감사라는 렌즈를 끼자. 무슨 일이 있을 때마다 앞이 잘 안보이고 캄캄할 때 감사렌즈가 당신의 삶을 환하게 비춰줄 것이다.

스티븐 코비가 《성공하는 사람들의 7가지 습관》에서 문제를 일으키는 마음에서 기회를 만드는 마음가짐을 가지라고 했다. 감사는 문제를 일으키는 마음에서 기회를 일으키는 마음으로 바꾸어 감사할 물건, 사람, 상황 등이 계속 이어지게 한다. 감사를 하면 할수록 감사의 렌즈가 더 많은 감사할 점들을 바라보게 해준다. 일단 감사습관이 들면 감사하지 않는 것이 어색할 정도로 감사를 많이 하게 되는 당신의 모습을 바라보게 되어 기쁠 것이다. 감사는 정말 중요하다. 사람들은 감사가 너무 쉬운 단어이기 때문에 가장 중요한 가치인 진리를 모른다. 하지만 감사는 삶을 보다 행복하게 하고, 건강하게 만들고, 충만하게 마음을 기쁨으로 가득 채워, 생명을 연장하는 효과가 있다. 죽어가는 사람들이 삶에 감사하면서 얼마나 많이 다시 살아난 경우들이 많은가.

지인 중에 한 분은 지금 거의 100세를 바라보고 계시다. 그분은 60살 때 의사가 죽기 전 3개월을 선언했다. 남은 인생을 감사하며 자신이 그동안 자신을 돌보지 않은 것을 반성하고 전 세계를 텐트 하나로 여행하기 시작했다. 감사의 마음이 작용해서일까, 살아서 감사하고 어딜 다닐 수 있어서 감사하고, 자신에게 집중할 수 있어서 감사하다고 감사의 렌즈로 세상을 바라보자 생명이 다시 살아났다. 지금까지 건강하게 강의하고 캠핑을 다니면서 행복한 삶을 살고 있다.

감사렌즈로 세상을 바라보면 나의 이기적인 태도가 사라지고, 자신의 가장 친한 친구가 되어 행복하게 살 수 있다. 타인의 단점도 긍정적으로 덮어주고, 장점을 더 바라보게 만든다. 모든 일이 잘 될 거라는 생각을 가지게 하여, 실제로 안 풀렸던 일들이 잘 풀리게 되어 있다. 자신을 좀 더 사랑할 수 있게 만드는 감사렌즈는 장점이 가득하다. 자신에게도 좋고 타인에게도 좋은 가장 좋은 가치가 감사다. 감사는 사랑, 소망, 기쁨, 긍정, 즐거움, 행복을 가져오는 가장 기본 가치다. 감사라는 감정이 모든 좋은 감정들을 불러일으킨다.

연애 감정도 서로에 대해 감사한 점만을 발견해서 칭찬해주고 적극 노력하기 때문에 사랑이 생기는 것이다. 소원했던 사이도 감사렌즈로 갈아 끼우면 다시 사랑이 싹튼다. 사람은 누구나 이해하고 가치를 발견하고 고마워할 줄 아는 성격을 가지고 태어났다. 어떤 일이 있을 때마다 '감사렌즈'라고 외치고 삶을 긍정적인 방향으로 생각하며 바로 긍정의 렌즈로 갈아 끼우자.

세계적인 극작가 오스카 와일드는 음악회나 오페라에 가기 전, 연극 마임을 보러 가기 전, 책을 보거나 스케치를 하기 전, 수영이나 펜싱을 하기 전, 길을 걷기 전, 춤을 추기 전, 만년필에 잉크를 넣기 전에 감사한 마음을 가진다고 했다. 삶의 모든 순간을 감사라는 렌즈를 끼고 바라보니 어떻게 행복하지 않을 수 있겠는가.

감사렌즈는 우리를 행복하게 만들 수 있는 가장 간단한 방법이다. 항상 감사하는 마음을 가지기 위해서 감사렌즈를 기억하자. 가족, 친구, 건강, 교육 등 당연하다고 생각하며 불평했던 마음이 값진 선물로 다가올 것이다. 감사렌즈는 일곱 색깔 무지개를 볼 때마다 마음이 환하게 비추는 것처럼 우리를 행복이라는 삶의 결과물을 가져다 줄 것이다.

---

**지금 이 순간 감사할 점을 3가지 적어보자.**

1 _____ 에 감사합니다.

2 _____ 라서 감사합니다.

3 _____ 를 알게 되어 감사합니다.

# 7
# 아침, 저녁으로 감사하는 시간
# 1분이면 충분하다

**감사로 하루를 시작하고, 감사로 끝마치자.**

- 엄남미 -

지금까지 감사의 힘에 대해서 충분히 잘 소화해 냈다. 여기까지 잘 따라와준 독자들은 아마 감사한 점을 100가지 이상 썼을 것이다. 살면서 불평하고 부정적인 측면만 보면서 살았는데 감사를 적어보니 어떤 느낌이 드는가?

사실 책을 한권 읽는다고 인생이 크게 바뀌지 않는다. 하지만, 나는 장담할 수 있다. 이 책에서 읽은 감사에 관한 실천을 하루 한 줄이라도 매일 아침저녁으로 한다면 분명, 독자들의 삶은 더욱 더 풍요롭게 바뀔 것이다.

사람들이 시간이 없어서 새로운 습관을 못 들인다고 한다. 하지만, 하루는 24시간, 1440분이고 그 중에서 1분을 자신에게 내지 못하는 사람이면 어떤 좋은 습관도 앞으로 들이지 못할 수도 있다.

1440분 중에 자신의 행복을 위해 감사할 시간을 아침, 저녁으로 1분만 내자. 감사는 어디에다 써도 좋고, 말해도 좋고, 외쳐도 좋다. **'감사'라는 말 자체에는 우주의 모든 긍정 에너지가 담겨있다.** 지금까지 감사의 이득에 대해 이야기 했고, 그 가치는 충분히 독자들이 이해했으리라 생각한다.

세상을 바꾸는데는 많은 시간이 필요하지 않다. 딱 1분이면 된다. '일할 시간이 없다. 공부할 시간이 없다. 운동할 시간이 없다'고 불평하는 것은 시간이 없는 것이 아니라 할 마음이 없고, '하기 싫다'는 뜻이다.

이 책을 읽고 있는 독자들은 적어도 삶에서 불평하지 않고, 감사할 마음이 있는 분들이라 생각한다. 마음먹고 결심하는 데는 딱 1분이면 충분하다. 감사하는데 1분을 쓰는 건 미래 행복의 씨앗을 심어두는 것과 마찬가지이다. 언제 어디서든 감사의 힘이 발휘할 날이 올 것이다.

우리가 원하는 대로 삶을 변화시키는 시간은 다름 아닌 그냥 당신이 흘려보내는 1분이다. 아침에 일어나서 양치할 때도 3분이 걸린다. 이 시간 동안 감사할 것에 대해서 매일 생각하겠다고 마음 먹으면 자동습관이 되어 일어나자마자 기분 좋게 하루를 시작할 수 있을 것이다.

자기 전에 하루를 마치며 쓰는 일기장에다 하루에 있었던 일 중에서 가장 감사한 점 한 가지를 적는데 30초밖에 걸리지 않는다. 중요한 건 매일 꾸준히 하는 것이다. 한번만 감사하고 잊어버리면 감사의 힘이 지속되지 않는다.

우리가 신체의 건강을 위해서 매일 밥을 먹듯이, 감사는 마음과 영혼의 건강을 위해서 아침, 저녁으로 말하거나 쓴다. 분명 이 습관을 21일, 100일, 365일 지속하는 독자는 마음의 행복이 지금의 몇 배가 될 것이다.

### 지속하는 힘은 위대한 일들을 만든다.

철학자 세네카는 "아무것도 쓰지 않거나, 좋은 책을 읽고 느낌을 적어두지 않은 날은 단 하루도 없었다."라고 말할 정도로 습관을 지속하는 것의 중요성을 강조하여 위대한 철학들을 만들어냈다.

루터는 오랜 기간 여행을 하며 정신적 고통에 시달리면서도 "하루라도 성서의 한구절도 번역하지 않은 날이 없었다."고 이야기 할 정도로 역사에 길이 남을 일을 했다.

중요한 건, 습관을 크게 몇 시간씩 잡아서 하려 하지 않는 것이다. 그러면 쉽게 지친다. 하지만, 하루에 1분씩 지속한다고 생각하면 결코 어렵지 않다. 1분이 365일 모여서 365분이 되고 10년이면 3,650분이 된다.

인생을 살면서 습관을 지속하지 못하게 하는 부정적인 감정이 들 때가 얼마나 많은지는 충분히 잘 안다. 짜증날 때도 있고, 속상할 때도 있으며, 세상이 나를 등진 것 같은 기분이 들 때도 있다. 하지만, 이런 감정들은 가만히 놔두면 생각이 꼬리에 꼬리를 물어 부정적인 생각으로 삶 전체가 어둡게 변할 수도 있다.

이 상황을 끊을 수 있는 열쇠가 딱 한가지다. 하루 1분 아침, 저녁으로 감사하기다. 감사를 어디에다 메모해도 좋고, 일기장에다 써도 좋고, 감사의 돌을 마련해서 그 돌을 만질 때마다 '감사하기'라고 정해도 좋고, 휴대폰의 알람에다가 시간을 정해놓고 벨이 울리면 무조건 '감사할 점을 말하기'라고 본인 스스로가 정하면 된다.

잘 안된다고 자신을 탓하지 말고, 남 때문이란 것도 없다. 훗날 돌아보면 어떠한 일들도 크게 느껴지지 않고, 다 지나가게 되어 있다. 중요한 것은 우리가 세상을 살아가면서 행복한 일들과 순간들을 더 많이 경험하는 것이다.

승승장구하는 인생도 좋지만, 이따금 휘청거리면서 살아가는 삶의 순간들에서 그것들을 극복하기 위한 노력을 하는 아름다운 감사의 실천이 세상에서 가장 중요하다고 생각한다.

독자들도 이 책을 끝까지 따라오면서 읽었을 때에 반드시 감사를 해야겠단 마음이 들었을 것이다. 그럼 이제는 실천을 해보자. 감사하기로 마음먹고 실천한다면 삶이 긍정적으로 행복하게 바뀔 것이다.

인간의 삶은 말을 어떻게 전달하느냐에 따라서 크게 달라진다.

같은 말이라도 총무과의 직원에게 "이 영수증, 경비처리 됩니까?"라고 부탁하는 것과, "성민씨, 늘 감사합니다. 저 이거 하나 부탁해도 될까요? 이 영수증 경비처리가 되나요?" 어떤 말이 더 일을 잘 성사시킬 수 있을 것 같은가?

당연히 '감사합니다'는 말이 들어간 부탁이다. '감사'라는 말에는 긍정적인 의미만 담겨있기 때문에 '예스'의 결론을 얻을 수 있다.

**우리의 삶도 긍정이 되려면 '감사합니다'는 말을 많이 써야 한다. 그 말이 자동적으로 나오기 위해서는 습관이 되어야 하는데 그 습관이 아침, 저녁으로 매일 1분씩만 감사하기다.** 이 습관이 100

일만 지나도 자동이 되어 감사를 안 하면 허전하게 될 것이다.

미국의 교육 개혁가 호러스 맨은 "습관은 철사를 꼬아 만든 쇠줄과 같다. 매일 철사를 엮다 보면 이내 끊을 수 없는 쇠줄이 된다."고 말했다.

그만큼 습관은 우리에게 큰 영향을 미친다. 우리가 삶에서 바라는 것은 행복이다. 이 행복은 유지하기가 쉽지 않다. 잡으려고 해도 다시 불평으로 돌아가고, 삶의 불만족으로 돌아갈 때가 있지만, 아침, 저녁 감사 1분은 끊을 수 없는 단단한 행복의 쇠줄로 당신의 삶을 행복하게 해 줄 것이다.

우리가 원하는 바대로 삶을 변화시키는 방법은 각자의 60초의 선택의 순간에 달려있다. 마음을 정하는 데는 딱 1분이면 된다.

이 책을 읽기 위해서 온갖 노력과 에너지를 다 쏟았듯이, 매일 아주 작게 1분씩 감사하는데 투자하자. 인생을 변화시키는 데는 딱 1분이면 된다. 천릿길도 한걸음을 내딛는데서 시작한다. 감사할 점들을 100번 이상 이 책을 읽고 썼다면 감사하는 느낌이 남다르게 느껴질 것이다.

'하루에 한 가지씩 1분만 딱 감사하자'고 오늘부터 정하자. 잊어버리기 쉽다고 생각하면 포스트잇에다 붙여 감사하자고 써 놓고, 휴대폰의 바탕화면에다 '감사할 시간 1분'이라고 적어 놓으면 기억하는데 도움이 되겠다.

　감사를 습관화하여 삶이 변화하고 있다면 주위 사람들에게도 전해서 우리 지역사회와 세상을 좀 더 긍정적으로 바꾸는데 도움을 주었으면 한다. 세상은 나로부터 시작되었고, 바꿀 수 있는 힘도 나로 인해서 나왔기 때문에 내가 감사를 1분씩 아침, 저녁으로 하기 시작하면 주변 사람들과 환경이 바뀌기 시작할 것이다.

　**더도 말고 덜도 말고 딱 1분이다. 1분은 삶의 큰 흐름의 시간에서 결코 작은 시간이 아니다. 그 시간을 소중한 가치에 투자한다면 행복은 어느새 자신의 마음속에 단단히 자리 잡고 있을 것이다.**

　이 책을 읽느라고 수고한 독자들에게 박수를 보내며 진심으로 감사한 마음을 전하고 싶다.

---

이 책을 다 읽고 감사한 점 3가지를 적어보자.

1 _____해서 감사합니다.

2 _____라서 감사합니다.

3 _____여서 감사합니다.

## 마치며 감사하는 글

먼저 이 책을 끝까지 읽어주신 독자분들에게 감사드린다. 감사에 대해서 기존에 가지고 있던 생각보다 더 중요성을 의식하는 계기가 되었으면 좋겠다. 집필하면서 감사에 대해서 더 확신을 가지게 되었고, 감사가 모든 문제에 해결책이란 생각이 들었다. 긍정적인 말을 많이 사용해야지 부정적인 말을 사용하면 말 그대로 부정 탈 수도 있겠단 생각이 든다. 말에는 혼령이라고 해서 영혼이 들어 있다. 아무렇게나 사용하면 영혼이 행복하거나 불행할 수도 있으니 기왕이면 감사하는 말로 하루를 시작하고 끝마친다면 지금보다 삶이 더욱 풍성해질 수 있다.

하루의 시작인 아침에 일어나서 거울을 보며 찡그리며 자신에게 얼굴에 난 뾰루지와 주름살 때문에 불평하는가. 아니면 일어나서 화장실에 올 수 있어서 감사하는가.

하루를 감사로 시작하면 긍정 에너지가 하루 중에 있을 어떤 부정적인 사건이라도 미리 막아준다. 하루를 마무리하면서 소중하게 생각되는 일, 즐겁고 감사했던 일 딱 한가지만 떠올리는 데에는 많은 시간이 걸리지 않는다. 10초면 된다.

1분을 자기 전에 감사의 생각으로 채운다면 수면의 질도 달라질 것이고, 꿈의 양상도 달라질 것이다. 삶이 점차 긍정적으로 바뀌는 모습에 본인은 물론 주변 사람들도 행복해질 것이다.

감사가 마음의 혼란을 잠재우고 온 몸의 리듬이 조화롭게 흘러가도록 돕는다. 그렇기에 자기 전에 감사는 특히나 더 중요하다. 혼자 감사하기가 힘들다면 반드시 감사메모를 같이 하는 온라인 모임이 있다. 거기에 가입을 하거나 가족과 같이 감사일기를 쓴다든지 아예 머리맡에다 감사일기장을 항상 놓아둔다. 자기 전에 쓰고 자면 마법같이 마음이 맑고 몸이 상쾌해지는 자신을 발견하게 될 것이다. 개인적인 성취감과 만족감이 높아져 어떤 일에도 도전하고 싶어지는 삶의 의욕이 생길 것이다.

이 책을 읽고 감사 3가지씩을 전부 썼다면 100가지 이상 감사를 한 것과 마찬가지이다. 살면서 언제나 우리는 실망하고 불평하고 우울한 생각과 감정에 빠질 때가 있다 그럴 때마다 감사 100일을 기억하자. 내가 살면서 적극적으로 감사할 일을 생각해보지 않는 사람들은 100가지의 감사를 쓰는 것이 결코 쉽지 않다. 하지만, 부정적인 생각과 감정은 우리의 삶에 큰 도움이 안 되기 때문에 반드시 긍정적인 나로 되돌아 와야 한다. 습관은 쉽게 바꿀 수 없기에 노력을 해야 한다.

한번 그 자리에서 공책에다가 불평하는 상황과 사람, 나에 대해서 감사할 점 50가지를 적어보자. 고민하던 문제는 바로 해결이 될 것이다.

50가지 적는 게 힘들 것이라고 생각하는 독자들에게 내가 이 글을 집필하며 감사한 점 50가지를 제시해보겠다.

1. 풍족하게 온갖 좋은 것들을 누려서 감사합니다.
2. 부모님 태어나게 해주셔서 감사합니다.
3. 매일 아침 일어나서 마시는 물 덕분에 목마름이 해소되어 감사합니다.
4. 친구들이 언제나 행복하게 옆에 있어 감사합니다.
5. 언제나 웃는 이웃들이 있어 감사합니다.
6. 아름다운 나라에서 태어나서 감사합니다.
7. 호흡을 할 수 있어 감사합니다.
8. 책을 통해 감사메모를 언제나 간단하게 할 수 있어 감사합

니다.

9. 하루도 빠지지 않고 감사메모를 7년 이상 실천하여 감사합니다.

10. 한국 미라클모닝 카페 덕분에 감사메모를 매일 아침과 저녁으로 꼭 해서 감사합니다.

11. 감사할 것이 없을 때에는 그저 '감사'라는 단어를 떠올리기만 해도 좋아 감사합니다.

12. 오늘도 먹을 수 있어서 감사합니다.

13. 무엇보나도 아침에 일어날 수 있어 김사합니다.

14. 오늘 하루는 어제 그렇게 하루를 더 살고 싶다던 사람들의 선물임에 감사합니다.

15. 매일 하루를 축복으로 생각해 감사합니다.

16. 가족이 있어 언제나 행복한 보금자리로 돌아갈 수 있어 감사합니다.

17. 집이 있어 비를 피할 수 있어 감사합니다.

18. 글을 읽을 수 있는 눈에 감사합니다.

19. 건강한 다리 덕분에 달릴 수 있어 감사합니다.

20. 매일 걷는 것은 가장 큰 축복이라서 감사합니다.

21. 삶의 소소한 감동을 나눌 수 있는 친구들이 있어서 감사합니다.

22. 돈을 벌고 쓸 수 있어 감사합니다.

23. 돈에 그려진 위인들 감사합니다.

24. 유튜브에서 감사명상을 할 수 있어 감사합니다.

25. 달라진 세상 속에서 앞으로 나아가려는 노력에 감사합니다.

26. 커피 한잔의 명상으로 휴식할 수 있어 감사합니다.

27. 생각하는 걷기에 감사합니다.

28. 운동을 좋아해서 감사합니다.

29. 산과 바다를 마음껏 볼 수 있어 감사합니다.

30. 태양이 매일 뜨고 지는 걸 볼 수 있어 감사합니다.

31. 매일 달리기를 할 수 있어 감사합니다.

32. 마라톤 풀코스를 완주하여 감사합니다.

33. 철인3종 경기도 잘 완주하여 감사합니다.

34. 100km 울트라 마라톤도 달려 감사합니다.

45. 오산 종주를 21시간 만에 해내어 감사합니다.

46. 나를 달릴 수 있게 해준 내면의 무한지성에게 감사합니다.

47. 나의 스승들이 나를 일으켜 언제나 세상에 이로운 일을 하게 해 감사합니다.

48. 독자들이 감사메모 책을 좋아해서 감사합니다.

49. 좋은 책을 만들려고 자판을 두드리는 나에게 감사합니다.

50. 끝까지 포기하지 않는 내 안의 열정 감사합니다.

지금까지 삶이 힘들고 괴로운 분들은 이 책을 만난 것이 행운이다. 앞으로 살면서 무수히 많은 날들을 감사로 장식하면, 살면서 어떠한 일이라도 긍정적으로 바뀌는 놀라운 경험들을 많이 하게 될 것이다.

아무쪼록 이 책을 한번만 읽고 덮을 것이 아니라 매일 감사메모를 하는 일기장 옆에 항상 두고 불평하고 싶은 마음이 들 때마다 다시 펴보고 또 보고 그렇게 여러 번 읽어보자.

독자들의 삶에 놀라운 변화가 일어날 것이다.

감사합니다. 감사합니다. 감사합니다.

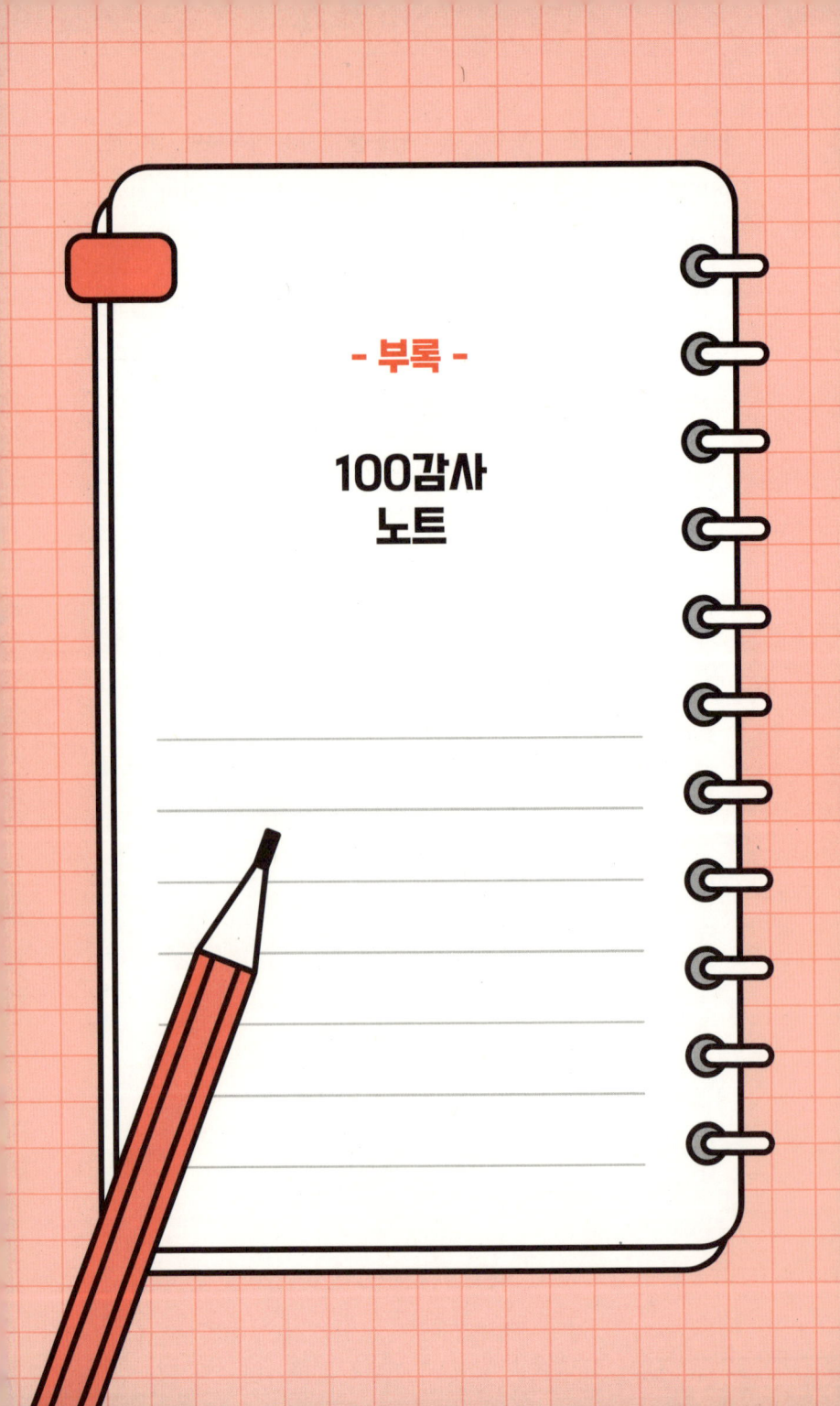

1.
2.
3.
4.
5.
6.
7.
8.
9.
10.
11.
12.
13.
14.
15.
16.
17.
18.
19.
20.

21
22
23
24
25
26
27
28
29
30
31
32
33
34
35
36
37
38
39
40

41
42
43
44
45
46
47
48
49
50
51
52
53
54
55
56
57
58
59
60

61
62
63
64
65
66
67
68
69
70
71
72
73
74
75
76
77
78
79
80

81
82
83
84
85
86
87
88
89
90
91
92
93
94
95
96
97
98
99
100

기적을 만드는
## 감사메모

**초판 1쇄** 2021년 10월 29일
**초판 14쇄** 2025년 2월 22일

**지은이** 엄남미
**펴낸이** 엄남미
**디자인** 고은아
**펴낸곳** 케이미라클모닝
**등록** 제2021-000020 호
**주소** 서울 동대문구 전농로 16길 51, 102-604
**전자우편** kmiraclemorning@naver.com
**전화** 070-8771-2052
**ISBN** 979-11-974595-6-6 (03300)

ⓒ 엄남미, 2021
**값** 15,000원

* 이 책은 저작권법에 따라 보호를 받는 저작물입니다. 무단 전제와 복제를 금합니다.
* 이 책의 내용의 전부 또는 일부를 사용하려면 반드시 저작권자와 케이미라클모닝 출판사의 동의를 받아야 합니다.
* 잘못된 책은 구입하신 서점에서 교환해 드립니다.
* 케이미라클모닝 출판사 문에 노크해 주십시오. 어떤 영감과 생각이라도 환영합니다.